十四五职业教育国家规划教材

U0963571

民法典
婚姻家庭编继承编实训

（活页式教材）

许莲丽◎主编

中国民主法制出版社

图书在版编目（CIP）数据

民法典婚姻家庭编继承编实训：活页式教材/许莲丽主编 .—北京：中国民主法制出版社，2024. 6

ISBN 978-7-5162-3683-3

Ⅰ. ①民… Ⅱ. ①许… Ⅲ. ①婚姻法—法律解释—中国—教材 ②继承法—法律解释—中国—教材 Ⅳ. ①D923. 905 ②D923. 55

中国国家版本馆 CIP 数据核字（2024）第 101638 号

图书出品人： 刘海涛
责 任 编 辑： 逯卫光

书名/民法典婚姻家庭编继承编实训（活页式教材）
作者/许莲丽 主编

出版 · 发行/中国民主法制出版社
地址/北京市丰台区右安门外玉林里 7 号（100069）
电话/（010）63055259（总编室） 63058068 63057714（营销中心）
传真/（010）63055259
http：// www. npcpub. com
E-mail： mzfz@ npcpub. com
经销/新华书店
开本/16 开 710 毫米×1000 毫米
印张/11. 25 **字数**/171 千字
版本/2024 年 7 月第 1 版 2024 年 7 月第 1 次印刷
印刷/北京天宇万达印刷有限公司

书号/ISBN 978-7-5162-3683-3
定价/48. 00 元

本书编委会

主　　　编　许莲丽

副　主　编　任春玲　李　勤

编委会成员　叶承芳　温慧卿　臧丽婷

撰 稿 分 工

项目一　任春玲　许莲丽

项目二　任春玲　许莲丽

项目三　叶承芳　许莲丽

项目四　叶承芳　许莲丽

项目五　李　勤　许莲丽

项目六　李　勤　许莲丽

项目七　许莲丽　臧丽婷

项目八　温慧卿　许莲丽

全书设计、修改、统稿、定稿　许莲丽

编写说明

人类法学教育历史源远流长。如果我们用昨天的方式教育今天的学生，那将不利于他们的未来成长。

本教材采用“任务式”编写法，以法律纠纷的解决这一典型工作任务来展开实训过程，强调学生主动参与、教师指导引领，实现教、学、做一体化的教学模式，实训内容的设计注重学生应用能力和实践能力的培养，体现了高职、高专实训课程的特色。

教材选取了典型工作任务（婚姻家庭继承纠纷解决）中具备学习价值的、代表性的八个工作任务，每个工作任务设置了“案例研习、思政课堂、创建实用工具箱、应用拓展”四个学习活动，从简单到复杂，在教师的推动下，以工作页为抓手，师生一同行动实现“知识、能力和素质”一体化生长。在教学实施中充分体现了教师教和学生学的逻辑关系，符合教学的认知规律。

本教材的主要特点如下。

（1）思想引领上，设置“思政课堂”学习活动，重视立德树人，将社会主义核心价值观、习近平法治思想“润物细无声”地融入教材。

（2）结构安排上，打破以婚姻家庭继承法学理论、立法等静态的系统知识为中心的编写模式，采取以司法解决现实生活中的真实纠纷、以动态的法律实践为中心的编写模式，以婚姻家庭继承纠纷案由为主线，以工作任务为结构载体，突出法律技能的培养。

（3）内容设置上，基于工作过程编排实训项目，实训内容强调实践性。所有工作任务源于法院真实案例，在此基础之上予以拓展和延伸，引导学生举一反三，提升学生的法律综合能力和素养，应对未来新的挑战。

（4）形式载体上，配套动画和视频教学资源，中国裁判文书网、北大法宝、国家法律法规数据库等网络资源，实现纸质教材+数字资源的完美结合，体现“互联网+”新形态一体化教材理念。

本教材面向高职、高专法律事务专业大类的师生实训使用，可供基层法律服务人员参考，也可成为社会公众了解法律“人间烟火气息”的一个窗口。

内容简介

民法典婚姻家庭编继承编是关系到千家万户、男女老少切身利益的，是普遍性仅次于宪法的根本法，涉及面广，伦理性强，灵活性大。实训教材在内容编排上，难以面面俱到。本教材在内容上作如下安排：

一是框架结构。选择“民事案由”这个窗口去透视婚姻家庭继承法学，选取了八个婚姻家庭纠纷案由，对婚姻家庭法领域中的重要问题作了重点回应。具体包含婚约财产纠纷、离婚纠纷、离婚后财产纠纷、同居关系纠纷、抚养纠纷、赡养纠纷、收养纠纷、监护纠纷等。

二是编写视角。采取的是“描述式”，紧贴法律职业实际岗位的工作任务，将我国现行婚姻家庭继承法律规则以精细的颗粒度呈现出来，用司法实践还原法治的“人间烟火气息”，不涉及艰深的原理、比较法、立法评议的内容。

三是内容创新。内容创新虽不是教材的首要追求，但在写作过程中，还是融入了作者的观察和思考，提出了一些现有学术研究没有涉及的问题或观点。

四是表达风格。书中不引用学理著述，无长篇宏论，用法言法语，写平白文字、画图做表，使内容呈现通俗易懂、直接美观。

目　　录

项目一　婚约财产纠纷

项目二　离婚纠纷

项目三　离婚后财产纠纷

项目四　同居关系纠纷

项目五　抚养纠纷

项目六　赡养纠纷

项目七　收养纠纷

项目八　监护纠纷

附录　婚姻家庭继承实用法律规定

项目一

婚约财产纠纷

学习任务

一、任务情境描述

2021 年 11 月 22 日，经人介绍相识半年的 Y 先生与 X 女士登记结婚，双方均系再婚。受疫情影响，没有举行结婚仪式，也未购置结婚物品，但 Y 先生按照当地习俗给付 X 女士彩礼 20 万元。经查明，彩礼款中的 15 万元系 Y 先生出售所居住的住房所得，婚后 Y 先生搬至 X 女士住处共同生活。婚后，因 Y 先生急需用款，X 女士返还 5 万元。2022 年 2 月初，双方争吵后 Y 先生从 X 女士家离开。同年 3 月，Y 先生诉至法院，要求与 X 女士离婚，并由 X 女士返还彩礼 15 万元。

彩礼现象在我国婚姻家庭生活中较为普遍。给付了彩礼，而没有结婚，或者结婚后很快又离婚，在这些情况下，彩礼是否应当予以返还呢？

二、学习活动及学时分配表

活动序号	学习活动	学时安排	备注
1	案例研习	2	
2	思政课堂	2	
3	创建实用工具箱	2	
4	应用拓展	2	

学习活动一：案例研习

请阅读以下法院判决书，完成任务一至任务四。

山东省淄博市中级人民法院
民事判决书

［（2019）鲁03民终750号］

上诉人（原审被告）：张某1，女，1993年9月11日出生，汉族，农民，现住山东省桓台县。

委托诉讼代理人：毕某某，桓台锦秋法律服务所法律服务工作者。

被上诉人（原审原告）：张某2，男，1990年11月11日出生，汉族，山东汇丰石化集团职工，现住山东省桓台县。

上诉人张某1因与被上诉人张某2离婚后财产纠纷一案，不服山东省桓台县人民法院（2018）鲁0321民初1888号民事判决，向本院提起上诉。本院于2019年3月4日立案后，依法组成合议庭，开庭进行了审理。上诉人张某1的委托诉讼代理人毕某某、被上诉人张某2到庭参加诉讼。本案现已审理终结。

张某1上诉请求：1. 撤销一审判决，判决上诉人不向被上诉人返还彩礼37080元；2. 一、二审案件受理费由被上诉人负担。

事实与理由：一审法院认定事实错误，适用法律错误，导致判决错误。1. 上诉人与被上诉人在××××年××月××日登记结婚后便在一起共同生活。上诉人收到被上诉人的彩礼后，将钱款用于购买生活所需物品。因此，上诉人不应返还彩礼。2. 一审法院适用法律错误。《最高人民法院关于适用〈中华人民共和国婚姻法〉若干问题的解释（二）》第十条对办理结婚登记后返还彩礼的情形作了原则性规定，即双方办理结婚登记但确未共同生活的。对于办理结婚登记已共同生活的，须在被上诉人有证据证明存在给付彩礼导致生活困难的情形，本案被上诉人在一审中并未提供证据。目前被上诉人在位于桓台县果里镇的汇丰石化公司上班，月收入5000元以上，其父母也有工作及固定收入。被上诉人的情况不属于婚姻法司法解释二中规定的婚前给付导致给付人生活困难的情形。综上，被上诉人要求上诉人返还彩礼无事实及法律依据。

张某2辩称，一审判决认定事实清楚，适用法律正确，应予维持。

张某2向一审法院起诉请求：1. 依法判令被告返还原告彩礼72368元；2. 诉讼费用由被告承担。

一审法院认定事实：2016年12月6日，张某2与张某1依据当地传统习俗举行了订婚仪式，于××××年××月××日登记结婚，张某1于××××年××月中旬从张某2家离开，2018年6月22日，经桓台县人民法院调解张某2与张某1离婚。

张某2按照习俗给付张某1彩礼61800元。

一审法院认为，原告张某2曾多次提起诉讼要求与被告张某1离婚，双方已于2018年6月22日经法院调解离婚，在双方的婚姻中，被告张某1收取原告张某2彩礼61800元。《最高人民法院关于适用〈中华人民共和国婚姻法〉若干问题的解释（二）》[①] 第十条第一款规定："当事人请求返还按照习俗给付的彩礼的，如果查明属于以下情形，人民法院应当予以支持：（一）双方未办理结婚登记手续的；（二）双方办理结婚登记手续但确未共同生活的；（三）婚前给付并导致给付人生活困难的。"就本案而言，原、被告皆认可双方登记结婚后，被告张某1自2017年4月至××××年××月中旬期间在原告张某2家居住，被告张某1作为女方，自认双方在登记结婚之前已在一起共同生活，而原告张某2认为被告张某1只是在其家中暂住，双方未在一起共同生活，鉴于该期间，原、被告已经登记结婚，原告张某2的陈述没有证据佐证也不符合常理，不予采信，一审法院据此认定原、被告已在一起共同生活。根据上述法律规定，在办理结婚登记后已共同生活的，在没有证据证实存在因给付彩礼导致给付人生活困难的情况下，彩礼原则上不应返还。但是，结合山东省桓台县的经济水平，原告给付的彩礼为61800元，数额较大，对于当地家庭负担较大，且双方结婚时间较短，本案中应予以考虑适当放宽"给付人生活困难"的认定标准，因此，原告要求被告返还彩礼的主张，应予以支持。

关于返还彩礼数额，根据庭审调查，原、被告虽然登记结婚，但是未按照当地习俗举行结婚仪式，而双方又已经在一起共同生活，只是共同生活时间短暂，最终是因为原告张某2提起离婚诉讼导致双方婚姻关系解除。

---

① 现为《最高人民法院关于适用〈中华人民共和国民法典〉婚姻家庭编的解释（一）》。

另外，被告张某1为筹备结婚购买了婚纱等物品，原、被告还拍摄了结婚照。因此，涉案彩礼不应全部予以返还。综合考虑原、被告之间的感情因素、共同生活的情况、负担能力及当地的经济水平等，返还彩礼的数额以返还60%为宜，故，酌定被告张某1返还原告张某2彩礼37080元。超出部分，原审法院不予采信。被告张某1辩称彩礼已用于置办结婚用品，且双方已在一起共同生活，不应予以返还，但其未能提交证据予以证明，对该辩称主张，不予采信。

关于原告主张的购买首饰费用10568元是否应予以返还问题。对于购买的戒指、吊坠、手镯与项链等，原告张某2没有证据证明被告张某1已将所有首饰带走，且被告张某1不予认可，对原告的该主张，不予采信。

综上，依照《最高人民法院关于适用〈中华人民共和国婚姻法〉若干问题的解释（二）》第十条、《中华人民共和国民事诉讼法》第六十四条之规定，判决：一、被告张某1返还原告张某2彩礼37080元，于判决生效之日起十日内付清。二、驳回原告张某2的其他诉讼请求。如未按判决指定的期间履行给付金钱义务，应当依照《中华人民共和国民事诉讼法》第二百五十三条之规定，加倍支付迟延履行期间的债务利息。案件受理费1610元，由原告张某2负担883元，被告张某1负担727元。

本院二审期间，当事人提交了证据。本院组织当事人进行了证据交换和质证。张某2提供残疾证、劳动能力鉴定书、住院病历、还款记录短信打印件，证实其父母都是残疾人，母亲患有乳腺癌，其家庭生活困难，需要上诉人返还彩礼。张某1质证称，对残疾证真实性无异议，但该证据不能证实持证人没有参加工作和劳动收入。对劳动能力鉴定结论书真实性无异议，通过劳动能力鉴定结论书能够证实被上诉人之父张某宝具有劳动能力并有固定工作单位。对被上诉人提供的银行截屏转账明细真实性无异议，该转账明细恰恰能够证实被上诉人具有固定的工作收入并具有偿还房贷的能力，也就不存在生活困难行为。对病历真实性无异议，但该病历记载时间为2019年1月9日至1月12日，与本案无关联性。综合上述举证、质证意见，经本院审查，对于证据真实性张某1均无异议，对于证据真实性本院予以确认。上述证据能够证实张某2基本家庭生活状况，故对上述证据在本案中的证明效力，予以采纳。对当事人二审争议的事实，本院认定如下：二审查明事实与一审认定事实一致，予以确认。

本院认为，双方在缔结婚姻的过程中，张某2向张某1支付彩礼

61800元，对此双方均无异议。该数额较大，结合张某1家庭状况及父母身体及患病情况，客观上对张某2家庭生活造成一定程度困难影响，且双方共同生活时间短，双方现已离婚，张某1应当返还部分彩礼。原审综合诸多因素，酌定张某1向张某2返还37080元并无不当。综上，张某1认为不应当返还的理由不能成立，即上诉人张某1的上诉请求不能成立，应予驳回；一审判决认定事实清楚，适用法律正确，应予维持。依照《中华人民共和国民事诉讼法》第一百七十条第一款第一项的规定，判决如下：

驳回上诉，维持原判。

二审案件受理费727元，由上诉人张某1负担。

本判决为终审判决。

审判长　戴某某
审判员　李某某
审判员　侯某
二〇一九年五月八日
书记员　刘某

任务一：梳理案件基本信息，填写下表。

裁判书字号	案由	当事人	
		原告	
		被告	
		被上诉人	
		上诉人	

任务二：概括基本案情，回答以下问题。

问题 1：案件的事实经过是什么？

____。

问题 2：上诉人的诉讼请求是什么？

____。

问题 3：被上诉人的诉求是什么？

____。

任务三：归纳案件争议焦点：______________________________

____

____

____

____

____。

任务四：分析案件争议焦点，填写下表。

焦点一：双方办理结婚登记手续，是否共同生活？

当事人	事实依据	
	主张	证据
上诉人（一审被告）		
被上诉人（一审原告）		

焦点二：彩礼婚前给付，是否导致给付人生活困难？

诉讼主体	事实依据		法律依据：给付人生活困难的认定标准
	主张	证据	
上诉人（一审被告）			
被上诉人（一审原告）			
人民法院			

学习活动二：思政课堂

婚约问题的应知应会

婚约，是指男女双方以结婚为目的而作的事先约定。双方当事人订立婚约，称为订婚或定婚，订婚后的男女双方具有未婚夫妻的身份。

我国现行法律中未对婚约问题进行规定。因此，婚约关系只是一般的社会关系，并未纳入法律调整范围。对于订婚，法律既不禁止，也不保护。是否需要订婚，由当事人自行决定。

婚约没有人身约束力。婚约成立后，一方不履行时，另一方不得依诉讼程序请求强制履行，法院不受理婚约履行之诉。解除婚约，只要一方或双方同意即可，无须履行任何法律程序；对于因婚约解除引起的财产纠纷，人民法院应当予以受理。对于这些财产纠纷，应区分不同的情况，作出不同的处理：

（1）属于买卖婚姻性质的订婚所收的财物，依法没收上缴国库。

（2）以订婚为名诈骗钱财的，诈骗的钱财应当归还受害人；构成犯罪的，应以诈骗罪追究行为人的刑事责任。

（3）以订婚为目的所为之赠与，原则上应当返还。值得注意的是，婚约期间赠与财产的行为，与一般公民之间的赠与行为不同。处理这类纠纷，应当坚持贯彻婚姻自由的原则、兼顾公序良俗和促进社会和谐稳定，依据我国现行司法解释及相关政策予以处理。

值得注意的是，近年来婚约中涉彩礼纠纷案件数量呈上升趋势，甚至出现因彩礼返还问题引发的恶性刑事案件。为此，最高人民法院审判委员会第 1905 次会议通过了《最高人民法院关于审理涉彩礼纠纷案件适用法律若干问题的规定》，该规定自 2024 年 2 月 1 日起施行。

任务五：请阅读“彩礼”小百科，分小组讨论后，回答以下问题。

传统文化对婚姻家庭领域的影响更为深刻与持久。在古代，为了促成婚姻关系的成立，男方家在婚姻约定初步达成时向女方家赠送聘金、聘礼，即为俗称的“彩礼”。我国古代婚姻的六礼（纳采、问名、纳吉、纳征、请期、亲迎）制度历经千年发展，订婚与彩礼的民间风俗在当下依然广泛存在。

我国民法典没有关于婚约、彩礼的明确规定。婚约是男女双方以结婚为目的的约定，成立婚约的行为称为订婚。婚约的形式较为特殊，通常不是白纸黑字的合约，而是“订婚”仪式。订婚仪式各地风俗各异，也因人因时而异。在这些仪式中，送彩礼是非常重要的环节。

随着我国经济的高速高质量发展，人民的物质生活水平不断提高，相应的彩礼的给付数额也在逐渐攀升，“天价”彩礼的新闻让人大跌眼镜。彩礼客观上成了部分男方家庭难以承受的经济负担，甚至会影响青年人的结婚意愿。另一方面，我国离婚率不断提高，闪婚、短婚现象频出。由此引发的要求返还彩礼纠纷增多。

问题 1：如何认识和评价彩礼现象？

对彩礼现象的认识和评价

小组成员：______________________________

小组汇报人：______________________________

小组观点 1：______________________________

小组观点 1 的理由：理由（1）______________________________

____

理由（2）______________________________

____

理由（3）______________________________

____

小组观点 2：______________________________

小组观点 2 的理由：理由（1）______________________________

____

理由（2）______________________________

____

理由（3）______________________________

____

小组观点 3：______________________________

小组观点 3 的理由：理由（1）______________________________

____

理由（2）______________________________

____

理由（3）______________________________

____

问题2：如何在解决婚约财产纠纷中，充分发挥社会主义核心价值观的引领作用？

充分发挥社会主义核心价值观在解决婚约财产纠纷中的引领作用

小组成员：______

小组汇报人：______

小组观点1：______

小组观点1的理由：理由（1）______

理由（2）______

理由（3）______

小组观点2：______

小组观点2的理由：理由（1）______

理由（2）______

理由（3）______

小组观点3：______

小组观点3的理由：理由（1）______

理由（2）______

理由（3）______

学习活动三：创建实用工具箱

纠纷的解决坚持“以事实为依据，以法律为准绳”，完成婚约财产纠纷解决所需的工具主要分为事实类和法律类。哪些是解决此类纠纷的必备实用工具呢？

任务六：请列举婚约财产纠纷的事实及证据。

	事实	证据
事实依据	1. 婚约是否存在（是否属于彩礼范围）	1.1______ ______ 1.2______ ______ 1.3______ ______
	2. 是否给付过彩礼（彩礼数额、实际使用及嫁妆情况）	2.1______ ______ 2.2______ ______ 2.3______ ______
	3. 是否结婚	3.1______ ______ 3.2______ ______ 3.3______ ______
	4. 共同生活及孕育情况、双方过错	4.1______ ______ 4.2______ ______ 4.3______ ______
	5. 是否生活困难	5.1______ ______ 5.2______ ______ 5.3______ ______

任务七：请列举解决婚约财产纠纷的法律依据。

填写示例：民法典婚姻家庭编第一千零四十二条第一款规定：禁止包办、买卖婚姻和其他干涉婚姻自由的行为。禁止借婚姻索取财物。

____

____

____

____

____

____

____

____

____

____

____

____

____

____。

学习活动四：应用拓展

任务八：查找“婚约财产纠纷”法院终审判决（不少于3份），并回答以下问题。

问题1：阅读裁判书，按照要求整理笔记。

判决1

判决书字号及全文链接：________________________________

当事人：________________________________

争议焦点：________________________________

____

法院裁判要旨：________________________________

____

____

____

判决2

判决书字号及全文链接：________________________________

当事人：________________________________

争议焦点：________________________________

____

法院裁判要旨：________________________________

____

____

____

判决3

判决书字号及全文链接：________________________________

当事人：________________________________

争议焦点：________________________________

____

法院裁判要旨：________________________________

____

____

____

问题2：列举婚约财产纠纷中最为疑难的法律或事实问题（不少于3个），并给出相应的解决方案。

疑难问题1

问题描述：

解决方案：

疑难问题2

问题描述：

解决方案：

疑难问题3

问题描述：

解决方案：

项目二

离婚纠纷

学习任务

一、任务情境描述

1969 年 12 月 27 日 Y 先生和 X 女士登记结婚。二人婚后育有两女一子，均已成年。Y 先生和 X 女士因家庭琐事、性格差异和生活习惯等原因产生隔阂，双方自 2012 年起开始分居，感情出现危机。Y 先生认为夫妻感情确已破裂，已无和好的可能，故向人民法院起诉要求离婚。X 女士则称双方结婚 50 年，夫妻感情基础比较牢固，子女也均已成年，自身身体长期有病，不同意离婚。

2013 年 1 月 4 日、2022 年 2 月 22 日，每年的 2 月 14 日、5 月 20 日、8 月 8 日、七夕、9 月 9 日等特殊日子，结婚登记排长队的画面就会涌现在各种媒体之上。如果时光能够定格在这一天，那当然是十分幸福的。然而，近几年来，离婚率稳中有升。有些夫妻，无论曾经的愿景多么美好，最终却不得不走向对簿公堂。有一方要求离婚，一方不同意离婚的；有双方都同意离婚，但对财产分割达不成协议的；有对离婚、财产都没有争议，但却对子女抚养问题不能协商一致的。曾经甜蜜的开始已经不复存在，但法律、法庭是否能给夫妻彼此创造一次重新开始的机会呢？

二、学习活动及学时分配表

活动序号	学习活动	学时安排	备注
1	案例研习	4	
2	思政课堂	4	
3	创建实用工具箱	4	
4	应用拓展	4	

学习活动一：案例研习

请阅读以下法院判决书节选内容，完成任务一至任务四。

朱某（夫）诉倪某（妻）离婚案
——上海市闵行区人民法院
民事判决书

［（2019）沪0112民初1919号］

节选：

原告朱某（夫）与被告倪某（妻）于2013年9月9日登记结婚，2015年5月26日生育一子。

结婚登记日，原、被告双方作为买受人签订房地产买卖合同一份，购买房屋一套，合同转让价为160万元，实际总价为230万元。原告支付首付款120万元（由其向父母借款1123000元，个人存款77000元）。被告作为借款人签订个人住房组合抵押借款额合同一份，公积金贷款60万元、商业性贷款50万元，用于购买该房屋，原告作为抵押人于落款处签字。房屋产权登记于原、被告名下。截至2019年6月24日，该房屋公积金贷款剩余借款本金为376666.89元、商业贷款剩余价款本金为360416.89元。2019年5月8日，上海信衡房地产估价公司就吴宝路房屋的市场价值出具房地产估价报告，估价结果为估价对象在全部假设和限制条件下的市场价值为408万元。为此，原告支付评估费11000元。

2016年6月15日，原告朱某的父亲报警称：×××路×××号×××室发生家庭纠纷，请民警到场处理。民警到场后，告知双方自行协商解决。

被告持有原告于2016年6月25日书写的信函一份，主要内容为："最近我们两家人的关系急转直下，到了快要无法挽回的情况，我认为主要的原因是我在两家关系之间没有起到应该有的作用……在这里我代表我妈和我三伯伯向倪某和我岳母大人进行道歉：对不起。并且我保证在今后的日子里，要经常审视自己是否在处理双方关系的问题中起到了润滑剂的作用，不能再像以前那样处理问题，该说的一定要明确地表达出来，要多站在对方角度考虑问题。希望在今后的日子里，大家的心情都能缓和过来，使生活走上正轨。”

2016年7月16日，原、被告双方签订《婚内协议书》，载明：“男女双方于2013年9月9日领取结婚证，婚后有一处共同房产，位于×××路，现协议此套房产归女方一人所有。”

后原告提出，被告提供的《婚内协议书》，系原告在受到被告及其母亲胁迫下书写，并非其真实意思表示，即便协议有效，双方并未就相关房屋完成变更登记，其有权撤销对被告相关房屋份额的赠与，故要求该房屋归原告所有，原告向被告支付35%房屋产权的折价款。

被告认为，原、被告双方签订的《婚内协议书》，属于夫妻财产约定。根据该约定，房屋应归被告一人所有。

任务一：归纳案件争议焦点：________________________________
____
____
____。

任务二：请以原告代理律师的身份就争议焦点问题拟一份代理词。

____
____
____
____
____
____。

任务三：请以被告代理律师的身份就争议焦点问题拟一份辩护意见。

____
____
____
____
____
____。

任务四：参考以往法院判决书模板，以主审法官的身份就争议焦点问题拟一份裁判意见。

____
____
____
____
____
____。

学习活动二：思政课堂

离婚纠纷的应知应会

离婚是一种法律行为，必须遵守法律规定的条件和程序，否则将不发生离婚的法律效力。即必须经过婚姻登记机关的批准，或者向人民法院提起诉讼后由人民法院判决准予离婚。夫妻双方离婚，只有合法有效的婚姻关系的存在，才谈得上离婚。而离婚的主体必须是具有夫妻身份的男女双方。凡夫妻双方感情确已破裂即可离婚。具有夫妻身份的男女双方，任何一方要求解除婚姻关系均可向人民法院提起诉讼。

离婚纠纷是指依照法定手续解除婚姻关系，即夫妻双方通过协议或诉讼的方式解除婚姻关系，终止夫妻间权利和义务的法律行为。

离婚有协议离婚和诉讼离婚两种方式。协议离婚，夫妻双方自愿离婚的，应当签订书面离婚协议，并亲自到婚姻登记机关申请离婚登记。离婚协议应当载明双方自愿离婚的意思表示和对子女抚养、财产以及债务处理等事项协商一致的意见。诉讼离婚，夫妻一方要求离婚的，可以由有关组织进行调解或者直接向人民法院提起离婚诉讼。

人民法院审理离婚案件，应当进行调解；如果感情确已破裂，调解无效的，应当准予离婚。有下列情形之一，调解无效的，应当准予离婚：(1) 重婚或者与他人同居；(2) 实施家庭暴力或者虐待、遗弃家庭成员；(3) 有赌博、吸毒等恶习屡教不改；(4) 因感情不和分居满二年；(5) 其他导致夫妻感情破裂的情形。一方被宣告失踪，另一方提起离婚诉讼的，应当准予离婚。经人民法院判决不准离婚后，双方又分居满一年，一方再次提起离婚诉讼的，应当准予离婚。

对于一般离婚纠纷案件，《最高人民法院关于适用〈中华人民共和国民事诉讼法〉的解释》第十二条规定："夫妻一方离开住所地超过一年，另一方起诉离婚的案件，可以由原告住所地人民法院管辖。夫妻双方离开住所地超过一年，一方起诉离婚的案件，由被告经常居住地人民法院管辖；没有经常居住地的，由原告起诉时被告居住地的人民法院管辖。"

对于一些特殊情形，根据民事诉讼法的规定，下列民事诉讼，由原告住所地人民法院管辖；原告住所地与经常居住地不一致的，由原告经常居住地人民法院管辖：(1) 对不在中华人民共和国领域内居住的人提起的有关身份关系的诉讼；(2) 对下落不明或者宣告失踪的人提起的有关身份关系的诉讼；(3) 对被采取强制性教育措施的人提起的诉讼；(4) 对被监禁的人提起的诉讼。

离婚纠纷除提供一般证明、证据外，还须按照诉讼请求内容提供以下必要证据：(1) 婚姻关系的证明（结婚证、户籍簿或单位，居委会、村委会的证明）。(2) 婚后感情、离婚原因的事实或证据。如被告下落不明的，应提供下落不明的时间、情况的证明。(3) 子女情况的证明，即：子女姓名、性别、出身年月、生活状况等，婚生、非婚生继子女或养子女的说明和有关证明。(4) 财产、经济状况的证明，即财产性质，来源、发票、清单及债权债务凭证，有储蓄的，应提供数额、账号、户名、存入日期、种类、银行存折持有人等证明材料，或能起证明作用的其他有关材料。如财产转移，应作说明和提出证据，包括原、被告的经济状况及其证明。(5) 住房的性质（公房、私房、联建公租房等）、户名、面积、间数、常住人口等情况。(6) 现役军人提出离婚的，还应有其所在部队团以上证据机关出具的证明。

任务五：请阅读、翻译并朗诵“20 世纪最伟大的情书”——《与妻书》。

与妻书

［清］林觉民

意映卿卿如晤，吾今以此书与汝永别矣！吾作此书时，尚是世中一人；汝看此书时，吾已成为阴间一鬼。吾作此书，泪珠和笔墨齐下，不能竟书而欲搁笔，又恐汝不察吾衷，谓吾忍舍汝而死，谓吾不知汝之不欲吾死也，故遂忍悲为汝言之。

吾至爱汝，即此爱汝一念，使吾勇于就死也。吾自遇汝以来，常愿天下有情人都成眷属；然遍地腥云，满街狼犬，称心快意，几家能彀？司马青衫，吾不能学太上之忘情也。语云：仁者“老吾老，以及人之老；幼吾幼，以及人之幼”。吾充吾爱汝之心，助天下人爱其所爱，所以敢先汝而死，不顾汝也。汝体吾此心，于啼泣之余，亦以天下人为念，当亦乐牺牲吾身与汝身之福利，为天下人谋永福也。汝其勿悲！

汝忆否？四五年前某夕，吾尝语曰：“与使吾先死也，无宁汝先吾而死。”汝初闻言而怒，后经吾婉解，虽不谓吾言为是，而亦无词相答。吾之意盖谓以汝之弱，必不能禁失吾之悲，吾先死，留苦与汝，吾心不忍，故宁请汝先死，吾担悲也。嗟夫！谁知吾卒先汝而死乎？

吾真真不能忘汝也！回忆后街之屋，入门穿廊，过前后厅，又三四折，有小厅，厅旁一室，为吾与汝双栖之所。初婚三四个月，适冬之望日前后，窗外疏梅筛月影，依稀掩映；吾与汝并肩携手，低低切切，何事不语？何情不诉？及今思之，空余泪痕。又回忆六七年前，吾之逃家复归也，汝泣告我：“望今后有远行，必以告妾，妾愿随君行。”吾亦既许汝矣。前十余日回家，即欲乘便以此行之事语汝，及与汝相对，又不能启口，且以汝之有身也，更恐不胜悲，故惟日日呼酒买醉。嗟夫！当时余心之悲，盖不能以寸管形容之。

吾诚愿与汝相守以死，第以今日事势观之，天灾可以死，盗贼可以死，瓜分之日可以死，奸官污吏虐民可以死，吾辈处今日之中国，国中无地无时不可以死。到那时使吾眼睁睁看汝死，或使汝眼睁睁看吾死，吾能之乎？抑汝能之乎？即可不死，而离散不相见，徒使两地眼成穿而骨化石，试问古来几曾见破镜能重圆？则较死为苦也，将奈之何？今日吾与汝幸双健。天下人不当死而死与不愿离而离者，不可数计，钟情如我辈者，能忍之乎？此吾所以敢率性就死不顾汝也。吾今死无余憾，国事成不成自有同志者在。依新已五岁，转眼成人，汝其善抚之，使之肖我。汝腹中之物，吾疑其女也，女必像汝，吾心甚慰。或又是男，则亦教其以父志为志，则吾死后尚有二意洞在也。幸甚，幸甚！吾家后日当甚贫，贫无所苦，清静过日而已。

吾今与汝无言矣。吾居九泉之下遥闻汝哭声，当哭相和也。吾平日不信有鬼，今则又望其真有。今是人又言心电感应有道，吾亦望其言是实，则吾之死，吾灵尚依依旁汝也，汝不必以无侣悲。

吾平生未尝以吾所志语汝，是吾不是处；然语之，又恐汝日日为吾担忧。吾牺牲百死而不辞，而使汝担忧，的的非吾所忍。吾爱汝至，所以为汝谋者惟恐未尽。汝幸而偶我，又何不幸而生今日之中国！吾幸而得汝，又何不幸而生今日之中国！卒不忍独善其身。嗟夫！巾短情长，所未尽者，尚有万千，汝可以模拟得之。吾今不能见汝矣！汝不能舍吾，其时时于梦中得我乎？一恸。

辛未三月廿六夜四鼓，意洞手书。

家中诸母皆通文，有不解处，望请其指教，当尽吾意为幸。

请翻译全文如下：

____。

学习活动三：创建实用工具箱

请阅读以下法院判决书节选内容，完成“夫妻感情确已破裂”专题的任务六和任务七。

朱某诉马某离婚案
——北京市第三中级人民法院
民事判决书

［（2019）京03民终5646号］

节选：

朱某（夫）、马某（妻）于1996年经人介绍相识，同年7月9日登记结婚，双方均系初婚，婚后生育一女，已成年。双方婚后共同生活居住于北京市朝阳区某房屋，双方在与长辈相处、子女教育、家庭财务等方面存在矛盾。朱某于2017年底查出肝癌晚期、结肠癌晚期，之后双方矛盾激化。

朱某以双方长期分居、马某不尽扶养义务为由将马某诉至北京市朝阳区人民法院，要求解除双方婚姻关系，并分割夫妻共同财产。朱某第一次起诉离婚，马某不同意离婚，认为其并非长期不在家居住，只是吵架的时候离开，不属于分居。一审过程中，马某提出管辖权异议，申请将案件移送至北京市顺义区人民法院审理，但未就此举证。一审法院裁定驳回马某对管辖权提出的异议。马某不服，提出上诉，二审法院裁定驳回上诉，维持原裁定。

朱某称双方婚后各自收入归各自所有，马某收入自行支配，家庭支出及孩子教育费用均由朱某负担，税前年薪24万元左右，还要负担家庭开支以及女儿的上学费用，目前缺少治疗癌症的费用，其在2018年12月停止化疗，服用进口药物，并希望在离婚后将房屋出售，所得款项用于治病。一审期间，朱某曾另行起诉马某要求支付抚养费。

马某称婚后朱某负担孩子教育费用，马某负担家里开支，家庭投资理财的钱都是朱某控制，其曾在2012年、2013年前后给朱某19万元，并自2018年8月底开始每月给女儿生活费2000元。马某认可没有为朱某支付过医疗费，称其想照顾朱某，但朱某患病后脾气暴躁，其不敢招惹朱某，称朱某年薪30多万元，可以自行负担治病费用，不需要出售房屋。马某还称自己退休金每月7000元左右，再就业收入4000~5000元，自身患有重度抑郁症、冠心病、高血压，目前也在治疗中，每月再给父母和孩子一些费用，已身无分文。马某表示不清楚朱某病情。马某不同意离婚。

北京市朝阳区人民法院经审理认为：应从朱某、马某的婚姻基础、婚后感情、离婚原因、夫妻关系现状以及有无和好可能方面，综合认定双方夫妻感情是否完全破裂。第一，朱某、马某虽共同生活多年，但婚后在子女教育、亲属关系、家庭财产等方面存在矛盾，在朱某患癌症后，家庭负担加重。从双方婚后长期生活状态、朱某患病后双方矛盾加剧以及马某经常离家的事实能够反映出双方感情不和。第二，马某虽不同意离婚，但并无改善夫妻关系的想法也未认识到影响夫妻感情问题的实质。朱某治病心切，马某虽表示希望照顾朱某，却不同意支付朱某治疗费用，没有尽到夫妻相互扶助的义务。马某明知朱某处于癌症晚期，身体孱弱，在否认分居且未举证的情况下，坚持对管辖权提出异议并在裁定作出后坚持上诉。马某拖延诉讼的行为，显见其对夫妻感情缺乏珍视，对改善夫妻关系缺乏诚意。第三，双方在庭审中均言语激烈、互相攻击，起诉时处于分居状态，矛盾加深，夫妻感情也进一步恶化。据此，法院支持朱某的离婚诉讼请求，并对夫妻共同财产进行了分割。

任务六：根据案例，归纳总结认定夫妻感情确已破裂的事实及证据。

	事实	证据
事实依据	1. 婚姻基础	1.1________ ________ 1.2________ ________ 1.3________ ________
	2. 婚后感情	2.1________ ________ 2.2________ ________ 2.3________ ________
	3. 婚姻关系的现状	3.1________ ________ 3.2________ ________ 3.3________ ________
	4. 有无和好可能	4.1________ ________ 4.2________ ________ 4.3________ ________

任务七：请列举认定“夫妻感情确已破裂”的法律依据。

____

____

____

____

____。

请阅读以下法院判决书节选内容，完成“子女抚养权”专题的任务八。

王某诉张某离婚案
——福建省漳州市中级人民法院
民事判决书

［（2020）闽06民终334号］

节选：

张某（妻）与王某（夫）于2016年12月30日登记结婚，2017年10月24日婚生一子。张某曾于2018年向一审法院提起诉讼，要求与王某离婚，一审法院经审理于2018年12月14日作出判决，驳回了张某的离婚诉讼请求。2019年7月，张某再次向一审法院起诉请求：1. 判令张某、王某离婚；2. 婚生子由张某抚养，王某每月支付抚养费2000元。

王某认为婚生子应由王某直接抚养，理由如下：第一，婚生子出生后在王某家生活，并由爷爷、奶奶帮忙照顾，且他们也明确表示愿意继续帮忙照顾。第二，王某在漳州市区工作，张某在漳浦县工作，以后孩子在漳州读书，张某带孩子读书明显不可能。第三，孩子虽未满2周岁，但司法解释是一般随母亲生活，而不是应当。第四，张某的父母不会带孩子。

人民法院认为，关于婚生子应由谁抚养的问题，王某的主要理由是“婚生子出生至今由爷爷、奶奶照顾，张某在漳浦县上班，张某的母亲不会带孩子”。但是综合双方诉辩及庭询陈述，双方均认可“张某产假结束后，孩子随张某去漳浦”“张某到11月断奶”。换言之，在孩子出生后，系由张某与王某的父母共同承担照顾的义务。且本案婚生子年龄尚幼，王某仅以“2018年9月孩子生病是因为张某及其父母不会照顾”，以及请月嫂的理由，说明张某的母亲不会带孩子，亦不具有说服力，同时王某也未提供证据证明其具备更加有利于抚养婚生子的条件和能力。可见，王某的主张缺乏事实和法律依据。因此，婚生子判由张某直接抚养，王某应于每月15日之前支付抚养费800元给张某，从2019年10月起至婚生子年满18周岁止。

任务八：请列举确定“子女抚养权”的法律依据。

学习活动四：应用拓展

任务九：请阅读以下根据法院判决书改编的内容，并回答以下问题。

广东省佛山市中级人民法院
民事判决书

［（2019）粤06民终13947号］

改编：

张某丽与杜某杨于2014年2月14日登记结婚。2015年6月6日，张某丽、杜某杨、杜某杨的母亲共同与佛山市高明区大家好房地产有限公司签订《商品房买卖合同》，以总价539524元购买了位于广东省佛山市高明区荷城街道高明大道东401号房。付款方式为：签订《商品房买卖合同》同时支付约总房价款的31%即169524元，余款370000元整须办理银行按揭。2015年11月25日，杜某杨、张某丽作为借款人与第三人建设银行签订了《购房、建房和大修理住房抵押借款合同》，约定杜某杨和张某丽向银行贷款370000元，贷款期限为30年，执行公积金贷款利率。涉案房屋的首付款169524元系杜某杨父母出资。涉案房产未办理房产证，《商品房买卖合同》已经办理了备案手续。后张某丽诉至法院要求法院分割该房产，由被告对其进行补偿。根据张某丽的申请，本院委托评估公司对涉案房屋进行价格评估，评估结论为涉案房屋在杜某杨和张某丽离婚时（2018年11月8日）的市场价值为1196039元。

关于张某丽房产份额的划分及补偿问题。本案中，原告系基于其与杜某杨婚姻存续期间购买房屋，夫妻共同财产的分割，要求取得房产份额的相关权利。本案中，案涉房屋购买于杜某杨和张某丽婚姻关系存续期间，双方当事人均确认，案涉房屋的首付为被告杜某杨父母出资169524元，并在《商品房买卖合同》中签有杜某杨母亲的名字，剩余的370000元银行按揭贷款是通过杜某杨公积金，并以杜某杨和张某丽作为共同债务人与建设银行签订的按揭贷款合同而获取。经审查，双方当事人在购买该涉案房屋时的购房价为539524元。经评估，杜某杨和张某丽离婚时涉案房屋的市场价值为1196039元，杜某杨父母出资首付部分（169524元），首付部分增值后的价值为375807.78元（1196039元×169524元÷539524元）。这里需要说明的是，评估机构鉴定的标的仅为房产价值，针对的是房屋本身价格，契税仅为购买房产时除房产价值之外的其他成本支出，因此，杜某杨父母所出资的首付款项的比例应以购房价作为分母进行计算。在计算房产的剩余价值时，契税也不应在扣除之列，案涉房产在杜某杨和张某丽离婚时还剩余银行按揭贷款金额为334027.7元，案涉房产剩余价值为486203.52元（1196039元-375807.78元-334027.7元）。对于该案涉房产剩余的价值486203.52元，杜某杨和张某丽分别享有50%的权益，即张某丽对涉案房产的份额由杜某杨享有，杜某杨应向张某丽补偿该份额的对价243101.76元（486203.52元×50%）。对于被告抗辩要求扣减维修基金的问题，本院认为，维修基金不属于房屋购买时的成本，维修基金的款项随房产而产生，且该款项并未缴纳给第三方而是仍存于个人账户中，因此，本院认为不应在计算房产剩余价值时扣减维修基金。另外，被告抗辩对房产的贡献率问题。庭审中，建设银行陈述无论房产份额在原、被告之间如何划分，均不影响银行与杜某杨和张某丽之间的债权债务关系。本案中份额的分割及补偿的效力仅存在于杜某杨和张某丽之间，并不免除张某丽对建设银行按揭贷款债务的责任。且本院已考虑到双方当事人对房屋的投入情况，在征询原、被告双方同意的情况下，按照房屋的毛坯状态（剔除房产的装修价值）进行价值评估。

关于贷款的利息因素是否应在成本中扣除的问题。关于贷款利息的问题，利息是分割房产后产生的一个不确定金额，且与当事人的行为方式有很大的关系。例如，如果当事人一次性支付了剩余房贷，就不会产生利息；完全按照贷款时间进行还款就会产生相应的利息，提前还款（但时间均无法在判决分割房产时进行判定的情况下）的时间也是无法确定的，所以在案件处理时考虑利息的问题是不妥当的，且银行贷款的利息对双方离婚时房产价值并无必然的影响。因此，处理离婚时带有银行按揭贷款的不动产分割案件时无须考虑银行贷款利息因素。

问题1：计算“首付部分增值后的价值”的公式是什么？

____。

问题2：法院是如何确定张某丽对案涉房屋的权利份额的？法律依据是什么？

张某丽对案涉房屋的权利份额
确定方式：____
法律依据：____。

假设：本案中案涉房屋是在2013年6月6日，由杜某杨与佛山市高明区大家好房地产有限公司签订《商品房买卖合同》，杜某杨作为借款人与第三人建设银行签订了《购房、建房和大修理住房抵押借款合同》，其他所有条件不变。

问题3：此种情况下，张某丽对案涉房屋的权利份额的确定方式及其法律依据是什么？又应该如何计算呢？

张某丽对案涉房屋的权利份额
确定方式：________________
法律依据：________________。
计算方式：________________

任务十：请列举分割夫妻财产的法律依据。

________________。

项目三

离婚后财产纠纷

学习任务

一、任务情境描述

Y先生与X女士是夫妻。2019年，二人的孩子出生。当时，Y先生从事批发行业，因经营不善欠下20多万元外债。为了对家庭对孩子都好，Y先生与X女士商议离婚不离家，于当年7月办理了离婚手续。两人签订《离婚协议书》约定：婚生女儿由女方抚养，离婚后男方每月支付抚养费1500元至女儿18周岁止；双方共同财产包括一套住房和一辆小车全部归女方所有，房贷及车贷均由女方负责承担；各自的债权债务归各自负责；女方再婚后女儿则由男方抚养，女方不需要支付任何费用。2020年，Y先生外出成了一名焊工，每个月给X女士约1万元的费用，至今共约26万元。2021年9月，X女士对Y先生说："我已经有男朋友了，你以后不要找我了，也不要给我钱了。"Y先生要求：X女士将房子过户在女儿名下，退还离婚后收到的钱。

"假离婚"现象在我国婚姻家庭生活中时有发生。根据刘震云长篇小说改编、冯小刚导演的电影《我不是潘金莲》，就讲述了一个女主因与丈夫假离婚，而后假戏真做，偏离了原来的生活轨道，陷入一连串生存困境的故事。无论是文学艺术作品，还是真实的现实生活，引起关注的重要问题是："假离婚"后假戏真做，是否发生"真"离婚的法律效力呢？签订的"假协议"又具有何种法律效力呢？已经"离完婚"了，还能再次起诉吗？

二、学习活动及学时分配表

活动序号	学习活动	学时安排	备注
1	案例研习	2	
2	思政课堂	2	
3	创建实用工具箱	2	
4	应用拓展	2	

学习活动一：案例研习

请阅读以下法院判决书节选内容，完成任务一至任务四。

高某与马某离婚后财产纠纷
——北京市丰台区人民法院
民事判决书

［（2017）京0106民初11410号］

节选：

原告高某向本院提出诉讼请求：1. 马某给付高某人民币771639元（其中包括美元48072元、港币464700元、股票市值494500港币和2438美元）；2. 判令马某给付高某已经偿还的邮政储蓄银行的信用贷款本金60万元，以及2016年12月至2017年7月期间的利息17544.6元；3. 诉讼费由马某负担。事实和理由：2016年12月7日，高某与马某自愿协议离婚，并于当日双方签署了《离婚协议书》，备案于北京市西城区民政局婚姻登记处。根据双方签署的协议第四条的约定，马某应给付高某人民币664902.39元，其中含美元48072元、港币464700元、股票市值494500港元和2438美元。但是，马某怠于履行自己的义务，至今没有将上述款项给付高某。根据双方签署的协议第五条的约定，双方在邮政储蓄银行的两笔信用贷款60万元由马某承担。但是马某怠于履行该笔债务，又因为该笔债务在银行的主借款人为高某、副借款人为马某。高某因怕不还款影响到自己的征信记录，所以已代为把两笔贷款还清，现高某请求马某承担该笔债务。

被告马某辩称："我不同意高某的诉讼请求，应当驳回高某的诉讼请求。"高某的依据都是基于离婚协议的约定，但是通过双方签订的补充协议可以确认离婚协议约定的有关财产分割的条款并非双方真实意思表示，所以离婚协议中的有关财产分割的条款不应该作为双方分割财产的依据。申请法院依法分割双方的夫妻共同财产，依法析出马某的个人财产部分，再进行分割。按照双方的补充协议约定，高某应当双倍赔付马某购房款，该条款系有效条款，在本案中应依法判令高某予以给付。

本院经审理认定事实如下：2007 年 12 月 28 日，高某与马某登记结婚。2013 年 6 月 19 日生育一子马某 1。

2016 年 12 月 7 日，高某与马某签订《离婚协议书》，并在北京市西城区民政局婚姻登记处登记离婚。该《离婚协议书》载明："男方：马某，身份证号：×××；女方姓名：高某，身份证号：×××。男女双方于 2007 年 12 月 28 日在丰台区民政局办理结婚登记手续。2013 年 6 月 19 日生育儿子马某 1。因协议人双方感情原因自愿协议离婚，并对于子女抚养、财产及债务处理等达成如下一致意见：一、马某与高某自愿离婚；二、儿子马某 1 由女方抚养，由男方每月给付部分抚养费 500 元，在每月 5 日前付清；直至付到满 18 周岁为止；三、男方名下坐落在北京市×××106 号商品房一套归男方所有，房产证号 X 京房权证丰字第×××号，女方名下坐落在北京市×××602 号商品房一套归女方所有；四、双方共有现金人民币 1 万元（在女方账户）+1.7 万元（男方弟弟应转稿费），20947 美元（男方证券账户）+27125 美元（男方银行账户），46.47 万港元，股票市值 49.45 万港元和 2438 美元，人民币市值 2.75 万元（均在男方账户），男方账户还有 30 万元人民币公司理财。男女双方各享 50%；五、双方共有 60 万元人民币共同债务，系向邮政储蓄银行信用贷款，该笔债务由男方全部承担。双方无其他债权债务；六、本协议一式叁份，双方各执一份，婚姻登记机关存档一份，在双方签字，并经婚姻登记机关办理相应手续后生效。我们自愿协议离婚，双方均同意本协议的内容。协议人：马某。2016.12.7。协议人：高某，2016.12.7。"

2016 年 12 月 7 日，马某与高某签订《离婚补充协议》，内容为："甲方：马某，身份证号：×××，住址：×××106。女方：高某，身份证号：×××，住址：×××201。男女双方因感情问题需要短期体验不同婚姻状态，准备于近期去民政局办理离婚手续，双方根据实际需要，在平等、自愿的基础上共同协商，特签订本协议，作为将在民政局备案的离婚之补充协议，供双方共同遵守：一、双方同意在办理离婚手续后一个月之内无条件办理复婚手续，若有一方不同意复婚即属严重违约，违约方应赔偿另一方因不能复婚而造成的任何损失，包括售卖房产的违约损失。如女方违约，应立即将双方共有的女方名下位于北京市×××602 号房屋或等值现金无偿过户给男方单独所有，作为违约赔偿，并解决男方的落户问题。二、双方所签订在民政局备案的离婚协议中有关财产（包括房产，下同）分割的条款均不是双方真实的意思表示，均为无效，离婚后两个月内，任何一方不得向任何他方转移财产或买卖财产（但×××106号房屋可由男方单独出售），双方若需要分割财产，则由双方另行协商，协商不成，应由丰台区人民法院判决。若任何一方在本次离婚后两个月内向任何他方转移财产或买卖财产，则属严重违约，应按所转移和买卖财产的市场价值换算成人民币双倍赔偿另一方。三、因为本次离婚只是为了短暂的体验，离婚不是双方的真实目的，故双方本次离婚备案于民政局的离婚协议以及双方本次离婚期间及复婚后的实际财产划分，均不是双方财产分割真实的意思表示，均不成立，不影响双方婚姻财产原本合法的界定，且双方均承诺，本次短暂离婚在财产方面应视为双方没有离婚，应等同于双方婚姻关系继续存续处理。四、×××106号房屋出售所得款项，在离婚期间应全部转入男方银行5486账户（其中先期作为定金的20万元除外，已用于偿还借款），鉴于双方婚内共同生活，在双方复婚后应分一半（272万元）转汇入女方银行0576账户，经双方另行签订同意后，×××602号房屋可以出售，所得款项同样应分为两等分各分别存入男女方上述账户，上述两套房屋出售所得款项及两个账户内的其他所有款项只能用于证券期货投资、理财或双方签字同意的买房，两个账户的密码均由双方共享，不得单方更改密码，两个账户均不得转出资金（双方签字同意的情况除外，已经关联的银证转账除外），否则，违约的一方应以违约转出金额的双倍作为违约金支付对方，且该部分不作为夫妻共同财产。五、虽然本补充协议在双方于民政局备案的离婚协议之前签订，但本补充协议生效是双方签订离婚协议的前提条件，且双方确认本协议的效力高于离婚协议。六、本协议书一式两份，在双方签字后生效，男女双方各执一份。”

北京市第二中级人民法院
民事判决书

［（2019）京02民终10856号］

节选：

二审中，双方均未提交新的证据。经查，本院认定的事实与一审法院认定的事实无异，本院对一审认定的事实予以确认。经本院主持调解，双方未达成一致意见。

本院认为：本案的争议焦点有二：一是案涉《离婚协议书》及《离婚补充协议》的效力认定问题；二是在对上述协议效力作出认定的基础上应如何分割夫妻共同财产的问题。

一、关于争议焦点一，案涉《离婚协议书》及《离婚补充协议》均应认定为无效。具体分析如下。

（一）《离婚协议书》因系双方以虚假意思表示作出而无效

《中华人民共和国民法总则》（以下简称《民法总则》）第一百四十六条第一款规定："行为人与相对人以虚假的意思表示实施的民事法律行为无效。"此种民事法律行为又称通谋虚伪的行为，是指表意人与相对人进行通谋，双方一致对外作出虚假的、非自己真意的意思表示，双方合意造成订立某项法律行为的表面假象，但其真意并非追求有关法律行为的法律效果产生。

本案中，高某、马某签署《离婚协议书》并据此在民政部门办理离婚手续，但同日签署的《离婚补充协议》第二条中明确约定"双方所签在民政局备案的离婚协议中有关财产（包括房产，下同）分割的条款均不是双方真实的意思表示"、第三条载明"离婚不是双方的真实目的"、第五条亦载明"本协议的效力高于离婚协议"。依据前述事实可知，《离婚协议书》并非高某、马某的真实意思表示，其二人的真实意思系通谋虚假离婚。故，因高某与马某系以虚假的意思表示签署《离婚协议书》，对其虚假意思表示法律不应予以保护，前述协议书不具有法律效力，应属无效。

（二）高某、马某之离婚登记有效

婚姻关系的建立固然应尊重当事人之真实意思表示，但因婚姻关系中蕴含着强烈的伦理性，基于婚姻关系之特殊性考量，在婚姻关系的缔结与解除中行为人的意思自治往往受到法律更严格的限制。根据《中华人民共和国婚姻法》（以下简称《婚姻法》）第八条与第三十一条，针对结婚及离婚分别作出了明确规定：要求结婚的男女双方必须亲自到婚姻登记机关进行结婚登记；男女双方自愿离婚的，准予离婚。双方必须到婚姻登记机关申请离婚。根据上述法律规定可知，在我国，婚姻关系的缔结或解除系民事行为与行政行为的混合，其必须遵守法定的程序和方式，履行法定的手续，当事人之间仅形成相应合意并不当然产生法律效力。

我国《婚姻登记条例》规定婚姻登记机关是依法履行婚姻登记行政职能的机关，负责办理婚姻登记事宜。同时《婚姻登记条例》第十三条还就离婚登记程序进行了相应规范，即婚姻登记机关应当对离婚登记当事人出具的证件、证明材料进行审查并询问相关情况。对当事人确属自愿离婚，并已对子女抚养、财产、债务等问题达成一致处理意见的，应当当场予以登记，发给离婚证。

本案中，高某与马某作为完全民事行为能力人选择通过行政程序解除双方婚姻关系，在婚姻登记机关作出自愿离婚的意思表示，并通过提交《离婚协议书》的方式表示就财产分割及子女抚养问题已经达成一致意见，婚姻登记机关据此为双方办理离婚登记并不存在过错。因高某与马某二人的婚姻关系已由婚姻登记机关依照法定程序予以解除，鉴于婚姻登记之公示公信效力，虽然双方在办理离婚登记时真实意思为通谋虚假离婚，但并不因此导致离婚登记无效。故，从民政部门对高某、马某离婚予以登记时起，双方之婚姻关系已然解除。

（三）《离婚补充协议》因违背公序良俗及婚姻自由原则而无效

《民法总则》第八条规定，民事主体从事民事活动，不得违反法律，不得违背公序良俗；第一百五十三条第二款还规定，违背公序良俗的民事法律行为无效。

本案中，高某、马某签署的《离婚补充协议》中存在“男女双方因感情问题需要短期体验不同婚姻状态，准备于近期去民政局办理离婚手续”，“本次离婚只是为了短暂的体验，离婚不是双方的真实目的”等内容，上述约定损害了婚姻关系的道德伦理性和严肃性，违背了基本的社会道德规范。

《婚姻法》第二条第一款、第二款规定：“实行婚姻自由，一夫一妻，男女平等的婚姻制度。保护妇女、儿童和老人的合法权益。”第三条第一款规定：“禁止包办、买卖婚姻和其他干涉婚姻自由的行为。禁止借婚姻索取财物。”根据上述法律规定，婚姻自由是公民依法享有的基本权利，任何人不得以任何理由干涉他人的婚姻自由。而案涉《离婚补充协议》第一条规定：“双方同意在办理离婚手续后一个月之内无条件办理复婚手续，若有一方不同意复婚即属严重违约，违约方应赔偿另一方因不能复婚而造成的任何损失。包括售卖房产的违约损失”，该条款内容显然系以财产为条件限制协议双方的婚姻自由，侵犯了公民的合法权利。

此外，案涉《离婚补充协议》并非简单的财产约定，其涵盖了婚姻身份关系终止、财产关系处分等内容，各条款之间具有相当程度的关联性，属于不可分割的整体。如涉及身份关系之条款被认定为无效，则涉及财产分割之条款亦应一并确认为无效。

综上，《离婚补充协议》因违背公序良俗及婚姻自由原则应属无效。

如前所述，因高某、马某并未就夫妻共同财产如何分割作出合法有效之约定，故对双方争议的财产应按照相关法律规定依法予以分割。

任务一：概括基本案情，填写下表。

当事人	诉讼请求	事实理由
原告		
被告		

任务二：归纳案件争议焦点：____。

任务三：分析案件争议焦点，填写下表。

	诉讼主体	是否有效	理由	法律依据	法律后果
离婚协议书	原告				
	被告				
	法院				
离婚补充协议	原告				
	被告				
	法院				
离婚登记	原告				
	被告				
	法院				

任务四：对比分析原、被告及法院的观点，回答以下问题。

问题 1：案件的原、被告，对于解除夫妻的人身关系，是否有争议呢？为什么？

____

____

____

____

____

____

____

____

____

____

____

____。

问题 2：案件中，法院用《离婚补充协议》来证明《离婚协议书》无效，后又认定《离婚补充协议书》无效。你对法院的论证，有何看法呢？为什么？

____

____

____

____

____

____

____

____

____

____

____

____。

学习活动二：思政课堂

离婚后财产纠纷的应知应会

离婚后财产纠纷主要包括以下几种情形：一是当事人协议离婚时达成了财产分割协议，离婚后因履行上述财产分割协议而引发的纠纷；二是夫妻双方协议离婚后对达成财产分割问题反悔而引发的纠纷；三是婚姻关系结束后，一方以尚有夫妻共同财产未处理为由向人民法院起诉请求分割而引发的纠纷；四是离婚后一方发现另一方在婚姻关系存续期间存在隐藏、转移、变卖、毁损、挥霍夫妻共同财产，或者伪造夫妻共同债务企图侵占另一方财产的行为，请求再次分割夫妻共同财产而引发的纠纷。

因离婚后财产纠纷提起的诉讼，根据民事诉讼法的原则规定，应当由被告住所地人民法院管辖，被告住所地与经常居住地不一致的，由经常居住地人民法院管辖。

离婚后财产纠纷的诉讼时效为三年。离婚后，发现一方有隐藏、转移、变卖、损毁、挥霍夫妻财产的行为，可以向人民法院提起诉讼，请求再次分割夫妻共同财产。诉讼时间的计算是从诉讼权利人知道或者应当知道自己权利受到损害之日。

任务五：请按照以下步骤，完成“假离婚”专题社会调查。

近年来，“假离婚”随着拆迁补偿、买二套房、逃避夫妻债务、孩子上学等问题接踵而来，成为获取利益的工具。这条获取利益的成功捷径让很多夫妻纷纷复制效仿。[①] 中国婚姻家庭研究会副会长，中国法学会婚姻家庭法学研究会副会长李明舜教授认为，从某种意义上来讲，假离婚现象是婚姻工具化、利益化的表现，是市场经济条件下人们追求利益最大化的意识在婚姻里的反映。制度政策上的漏洞恰好给予这种意识得以实现的机会，所以假离婚现象才会不断地增加。

人们是否会为了利益而“假离婚”？如何认识和评价“假离婚”现象？

---

① http：//news. cntv. cn/special/tan/11/0109/index. shtml.

人们是否知晓“假离婚”的法律风险？“假离婚”是否对社会产生危害？目前我国对于“假离婚”采取了哪些治理手段和措施呢？深入了解“假离婚”社会现象，围绕以上关键问题，请完成：

步骤 1：自主设计“假离婚”专题调查问卷。

“假离婚”专题调查问卷

步骤 2：通过问卷星等工具，完成问卷的发放和收集（不少于 5 份有效样本）。

步骤 3：分析整理收集的问卷样本，完成个人的调查报告。

“假离婚”专题个人的调查报告

步骤 4：分小组讨论后，完成小组的社会调查报告汇报。

“假离婚”专题小组的调查报告

小组成员：________________________________

小组汇报人：________________________________

调查结论 1：________________________________

调查结论 1 的理由：理由（1）________________________________

____

理由（2）________________________________

____

理由（3）________________________________

____

调查结论 2：________________________________

调查结论 2 的理由：理由（1）________________________________

____

理由（2）________________________________

____

理由（3）________________________________

____

调查结论 3：________________________________

调查结论 3 的理由：理由（1）________________________________

____

理由（2）________________________________

____

理由（3）________________________________

____

学习活动三：创建实用工具箱

夫妻离婚后，虽然人身关系已经解除，但财产关系纠纷并不必然完全消失。司法实践中离婚后再打官司争财产的案例并不罕见。对于这类案由纠纷，在财产分割上，大体上与离婚时财产分割问题并无二致，但也有些特别之处。哪些是解决此类纠纷的特殊实用工具呢？对此类纠纷进行细分后，梳理出其特殊的实用工具如下。

任务六：请列举离婚后财产纠纷的常见类型及其法律依据。

	类型	法律依据
离婚后财产纠纷的常见类型	1. 当事人登记离婚后，因履行关于财产以及债务处理的离婚协议发生纠纷	1. 1____ 1. 2____ 1. 3____
	2. 夫妻双方协议离婚后就财产分割问题反悔，请求撤销财产分割协议	2. 1____ 2. 2____ 2. 3____
	3. 离婚时尚未处理的夫妻共同财产	3. 1____ 3. 2____ 3. 3____
	4. 离婚后新发现的夫妻共同财产或债务	4. 1____ 4. 2____ 4. 3____

任务七：请以小组为单位，分析归纳离婚后财产纠纷的特殊之处——离婚协议的效力问题（无效、撤销）。

离婚协议的无效/撤销问题

小组成员：______

小组汇报人：______

特殊之处 1：______

特殊之处 1 的理由：理由（1）______

______

理由（2）______

______

理由（3）______

______

特殊之处 2：______

特殊之处 2 的理由：理由（1）______

______

理由（2）______

______

理由（3）______

______

特殊之处 3：______

特殊之处 3 的理由：理由（1）______

______

理由（2）______

______

理由（3）______

______

学习活动四：应用拓展

任务八：查找“离婚后财产纠纷”法院终审判决（不少于3份），并回答以下问题。

问题1：阅读裁判书，按照要求整理笔记。

判决1

判决书案号及全文链接：____

当事人：____

争议焦点：____

____

法院裁判要旨：____

____

____

____。

判决2

判决书案号及全文链接：____

当事人：____

争议焦点：____

____

法院裁判要旨：____

____

____

____。

判决3

判决书案号及全文链接：____

当事人：____

争议焦点：____

____

法院裁判要旨：____

____

____

____。

问题2：列举离婚后财产纠纷中最为疑难的法律或事实问题（不少于3个），并给出相应的解决方案。

疑难问题1

问题描述：____

____

____

____

解决方案：____

____

____

____

____

____。

疑难问题2

问题描述：____

____

____

____

解决方案：____

____

____

____

____

____。

疑难问题3

问题描述：____

____

____

____

解决方案：____

____

____

____

____

____。

项目四

同居关系纠纷

学习任务

一、任务情境描述

Y先生与X女士曾是恋人。原告Y先生诉称，恋爱期间，其出资80万元与X女士共同购买了房屋。现双方已分手，要求X女士支付房屋补偿款80万元。被告X女士辩称，双方在恋爱同居期间确有转账或者资金往来，但是Y先生没有为房屋出资。另外，同居期间，X女士承担了主要的生活开销，现要求Y先生承担一半，支付6万元的补偿款；同时X女士还给Y先生父母买了物品，Y先生应当支付8万元补偿款。

同居现象在我国日益普遍。同居关系中常常伴有频繁的经济往来，发生财产的混同。当浓情蜜意退却，感情生变后，曾经的金钱往来难免要算清楚。那么，同居的双方之间的财产能否清晰地分割呢？

二、学习活动及学时分配表

活动序号	学习活动	学时安排	备注
1	案例研习	2	
2	思政课堂	2	
3	创建实用工具箱	2	
4	应用拓展	2	

学习活动一：案例研习

请阅读以下法院判决书，完成任务一至任务四。

李某（男）与宋某（女）同居关系析产纠纷案
——北京市西城区人民法院
民事判决书

［（2019）京0102民初28744号］

原告：李某，男，1965年1月21日出生，汉族，无业，住北京市东城区。

委托诉讼代理人：×××，北京市博仁律师事务所律师。

被告：宋某，女，1965年12月2日出生，汉族，北京市邮政管理局退休职工，住北京市西城区。

委托诉讼代理人：×××，北京市力行律师事务所律师。

原告李某与被告宋某同居关系析产纠纷一案，本院于2019年7月3日立案后，依法适用简易程序，公开开庭进行了审理。原告李某的委托诉讼代理人×××、被告宋某及其委托诉讼代理人×××到庭参加诉讼。本案现已审理终结。

原告李某向本院提出诉讼请求：1. 请求法院判决车牌号为×××的酷威2360CC小客车归原告所有；2. 请求法院判决被告将车牌号×××的酷威2360CC小客车交付于原告；3. 请求法院判决被告协助办理过户手续；4. 诉讼费由被告承担。李某提出的事实和理由："我与宋某在2016—2018年同居关系存续期间，由我出资购买了车牌号为×××的酷威2360CC小客车一辆，登记在宋某名下，双方在同居期间共同使用该车。现双方同居关系已经解除，再无和好可能。根据法律规定，涉案车辆应归我所有，故诉至法院，请求判如所请。"

被告宋某辩称："认可李某所述双方同居和解除同居的情况。不同意对方的诉讼请求。涉案车辆并非是双方共同所得的财产，而是李某赠与我的部分款项购买的。2006年我花费19万元购买福特汽车一辆，2016年9月底至2018年10月2日双方同居期间，李某是低保人员无收入，我将自己每月8000多元的收入全部用于了双方支付房租及生活开支等，且对李某和他的家人进行了照顾。2017年7月15日，李某有了一笔收入，出于回报我的想法，提出要给我换车，于是将我原有的车辆折抵了9000元，李某出资21万元，我支付了24000元的购置费。我认为对方出资的21万元是对我的赠与，东城法院已经对赠与关系进行了确认，故我要求驳回对方的诉讼请求。”

当事人围绕诉讼请求依法提交了证据，本院组织当事人进行了证据交换和质证。

对当事人有争议的证据，本院认定如下。

1. 双方均提交了北京市东城区人民法院（2019）京0101民初1079号民事判决书、北京市第二中级人民法院（2019）京02民终4317号民事判决书，李某拟证明涉案车辆系双方恋爱同居期间由其出资购买，双方共同使用，其曾以借贷关系为由向法院起诉要求宋某归还购车款，被法院驳回，但法院亦未认定该款项系赠与。宋某拟证明法院判决中已认定了款项系赠与。本院对该组证据的真实性和其与本案的关联性均予以认可。

2. 李某提交了其本人账号为×××的中国建设银行个人活期账户交易明细，拟证明2017年7月15日，其花费21万元购买涉案车辆。宋某对该证据的真实性认可，但认为涉案车辆的价格不止21万元，是使用其本人原来的车辆置换的，系其个人财产。因双方均认可该证据的真实性，本院对其真实性和其与本案的关联性均予以认可。

3. 宋某提交了其本人名下中国邮政储蓄银行交易明细复印件、北京银行交易明细，拟证明在同居期间其将所有收入都给了李某。李某对该证据的真实性认可，但认为都是取现，不能证明用于共同生活，同居期间其是用其父亲的退休工资支撑生活。因双方均认可真实性，本院对该证据的真实性和其与本案的关联性均予以认可。

4. 宋某提交了北京市东城区人民法院（2019）京0101民初1079号民事案件庭审笔录，拟证明其认为涉案车辆系李某赠与，李某认可其每月给其3700元，实际上其每月8000多元的工资都给李某，双方同居时其有想结婚的想法但李某没有，其与李某自小是邻居且年轻时谈过恋爱，有感情基础，其还照顾李某及其家中老人，这些都是李某赠与其车辆的理由和基础。李某对该证据的真实性认可，对证明目的不认可，认为笔录中无法体现出车辆是赠与，其认可宋某每月给其3700元，但其亦提出日常消费是其父亲负担，双方同居期间宋某存在其他的婚姻关系，如果是赠与就相当于赠与给他们夫妻双方，不符合常理。因双方均认可真实性，本院对该证据的真实性和其与本案的关联性均予以认可。

5. 宋某提交了收购协议书，拟证明其原来的车辆能够正常使用，购买涉案车辆时折抵了9000元。李某对该证据的真实性认可，认可旧车折抵了9000元，但认为旧车能否正常行驶与本案无关。因双方均认可真实性，本院对该证据的真实性和其与本案的关联性均予以认可。

根据当事人陈述和经审查确认的证据，本院认定事实如下。

李某和宋某于2016年9月至2018年10月2日期间系恋爱同居关系。2017年7月15日，李某通过银行卡向北京汇杰伟业汽车销售服务有限责任公司支付202500元、向中国大地财产保险股份有限公司支付8848.93元，宋某以其本人名下发动机号为6A26941的机动车折抵9000元，购买酷威2360CC小客车一辆。李某称系其出资购车由双方共同使用。宋某称因双方同居期间，李某系低保人员基本无收入，其将每月8000多元的收入均交给李某用于双方支出，且在同居期间尽心照顾李某及其家人，李某出于感激和报答之意，在获得一笔拆迁款收入后，主动提出为其换车，涉案车辆系李某赠与其的。李某否认双方同居期间由宋某承担双方开销，称其当时掌握着其父亲的工资，供双方支出使用。该车辆购买后，由双方共同使用。

李某曾于2019年1月以民间借贷为由向北京市东城区人民法院提起诉讼，要求宋某偿还购车借款211348.93元。2019年2月27日，北京市东城区人民法院（2019）京0101民初1079号民事判决书判决驳回李某的诉讼请求。后李某上诉。2019年3月28日，北京市第二中级人民法院（2019）京02民终4317号民事判决书判决驳回上诉，维持原判。宋某称北京市东城区人民法院第一审民事判决书已认定李某的购车行为系赠与，李某予以否认。北京市第二中级人民法院（2019）京02民终4317号民事判决书中表述是："李某为宋某购买车辆的起因有赠与等其他可能性。"

本案审理中，双方均认可涉案车辆现存价值为12万元。

本院认为，本案争议焦点系李某出资购车的行为是否系对宋某的赠与。赠与是一种合同行为，须双方共同意思表示。本案中，宋某提出因双方同居期间其承担了全部开销，并照顾李某及其家人，李某出于回报而赠与其车辆。但宋某提交的其本人银行账户明细中仅能显示取款，不能证明其是否将钱款交给李某或供双方共同生活。即使宋某确实负担了双方同居期间的开销，亦仅是李某可能对其进行赠与的原因，但不能证明双方确有赠与的意思表示。北京市第二中级人民法院（2019）京02民终4317号民事判决书中亦未认定李某的购车行为系赠与。因宋某未提交双方具有赠与合意的证据，故对其提出购车系李某对其赠与的意见，本院不予采纳。

本案涉案车辆购买是系李某和宋某恋爱同居期间，现双方同居关系已解除。同居期间双方共同所得的收入和购置的财产，按一般共有财产处理。本案中，涉案车辆在双方同居期间购买并由双方共同使用，应按照共有财产处理。车辆购买时由李某出资约21万元，宋某使用其本人名下原有车辆折抵9000元，宋某还提出其支付了24000元的购置费，但未提交证据予以证明，故本院按照出资情况，判决车辆归李某所有，酌定由李某支付宋某车辆补偿款1万元。

综上所述，依据《最高人民法院关于人民法院审理未办结婚登记而以夫妻名义同居生活案件的若干意见》第十条之规定，判决如下：

一、车牌号为×××的酷威小客车归原告李某所有，被告宋某应将车辆交付原告李某并协助办理过户手续；

二、原告李某于本判决生效之日起三十日内，支付被告宋某车辆补偿款1万元。

如果未按本判决指定的期间履行给付金钱义务，应当依照《中华人民共和国民事诉讼法》第二百五十三条规定，加倍支付迟延履行期间的债务利息。

案件受理费35元，由原告李某负担（已交纳）。

如不服本判决，可以在判决书送达之日起十五日内，向本院递交上诉状，并按对方当事人的人数提出副本，上诉于北京市第二中级人民法院。

审判员　×××

二〇一九年九月二十九日

书记员　××

任务一：概括基本案情，填写下表。

当事人	诉讼请求	事实理由
原告		
被告		

任务二：分析当事人有争议的证据，填写下表。

有争议的证据	证据 1	证据 2	证据 3	证据 4	证据 5
证据名称					
证据类型					
证据来源					
证明目的					
相对方的质证意见					

任务三：归纳案件争议焦点：________________________________

____。

任务四：分析案件争议焦点，填写下表。

原告出资购车行为的性质判断				
诉讼主体	法律性质	事实理由	法律依据	法律后果
原告				
被告				
法院				

学习活动二：思政课堂

同居关系的应知应会

同居关系，是指未依法登记结婚的两性长期、稳定共同居住的生活关系，包括未婚同居、有配偶者与他人以夫妻名义的同居，以及有配偶者与他人不以夫妻名义的同居。

我国民法典规定禁止重婚，禁止有配偶者与他人同居。但法律并未禁止无婚姻关系者同居。同居只是一种事实状态，由于当事人双方未履行合法结婚登记手续，不能得到法律的承认和保护。因此，同居关系并非法律确认的身份关系，维持或解除同居关系均属当事人双方的自愿行为，不需要通过法院判决的方式予以确认或解除。《最高人民法院关于适用〈中华人民共和国民法典〉婚姻家庭编的解释（一）》第三条规定："当事人提起诉讼仅请求解除同居关系的，人民法院不予受理；已经受理的，裁定驳回起诉。当事人因同居期间财产分割或者子女抚养纠纷提起诉讼的，人民法院应当受理。"

同时，对于未依法办理结婚登记而以夫妻名义共同生活的男女，提起诉讼要求离婚的，应当区别对待：（1）1994年2月1日民政部《婚姻登记管理条例》公布实施以前，男女双方已经符合结婚实质要件的，按事实婚姻处理。（2）1994年2月1日民政部《婚姻登记管理条例》公布实施以后，男女双方符合结婚实质要件的，人民法院应当告知其补办结婚登记。未补办结婚登记的，依据前述解除同居关系的相关规定处理。

我国先后出台了四个涉及同居关系纠纷的司法解释，依次是《最高人民法院关于人民法院审理未办结婚登记而以夫妻名义同居生活案件的若干意见》、《最高人民法院关于适用〈中华人民共和国婚姻法〉若干问题的解释（一）》、《最高人民法院关于适用〈中华人民共和国婚姻法〉若干问题的解释（二）》和《最高人民法院关于适用〈中华人民共和国民法典〉婚姻家庭编的解释（一）》，前三个司法解释均已被废止。现行立法和司法解释对同居期间财产处理未作出明确规定，而同居双方因不具有合法婚姻关系，不能直接按照合法婚姻的财产处理原则进行分割。目前各地方法院对同居期间财产归属、债权债务承担、遗产继承、同居关系解除时财产分割、家务劳动补偿、彩礼与嫁妆返还以及赠与等问题上判决标准不一。

此外，当事人在解除同居关系时，可能会达成分手协议，一方会向另一方索要一定数额的补偿金，俗称“分手费”。我国法律对此并无明文规定。学界大多意见认为，“分手费”属于不可强制执行的自然债务，履行与否全凭当事人的意愿，法律不加干涉。原则上已经给付的不得要求返还，尚未给付的也不得请求给付。但如果涉及婚外恋情的，协议往往会因同居者合法配偶主张侵害夫妻共同财产权或者违背公序良俗而被认定无效。

我国民法典规定，非婚生子女享有与婚生子女同等的权利，不直接抚养非婚生子女的生父或者生母，应当负担未成年子女或者不能独立生活的成年子女的抚养费。所以，同居关系不影响子女抚养问题，即便在解除同居关系时，父母与非婚生子女之间的抚养关系也不会发生变化，对非婚生子女抚养问题的处理原则与婚生子女一致。

同居关系的思政课堂任务

近年来，中国的未婚同居率不断上升。根据2018年中国家庭追踪调查数据，出生队列为1980－1984年男性的未婚同居率为30.33%，女性为26.79%；出生队列为1985－1989年男性的未婚同居率为37.99%，女性为33.13%。[①]

而另一方面，适龄人群不婚不育现象凸显。2022年3月18日，民政部最新发布的统计数据显示，2021年我国结婚登记数据为763.6万对。这是继2019年跌破1000万对、2020年跌破900万对大关后，结婚登记对数再次跌破800万对大关。较2020年、2019年、2018年、2017年分别减少49.5万对、162.4万对、247.2万对、295.5万对，连续5年下降，较4年前降幅达27.9%。有统计称，这一数据创下1986年以来的新低。此外，国家统计局2022年2月18日公布的2021年全国出生人口为1062万人，较2020年、2019年、2018年、2017年分别少生138万人、404万人、461万人、661万人，连续5年下降，较4年前降幅高达38.4%。[②]

为什么越来越多的适龄人群选择同居，而不是婚姻呢？如何认识和评

① http：//news.sohu.com/a/533511808_ 121333743.

② https：//baijiahao.baidu.com/s？id＝1730649222322143868&wfr＝spider&for＝pc.

价“同居”现象？人们是否知晓“同居”存在的法律风险？“同居”是否对社会产生危害？深入了解“同居”社会现象，结合以上问题，请先选择完成任务五或任务六（可按学号单双号择一完成），最后统一在课堂上集体汇报。

任务五：请按照以下步骤，完成“同居”专题社会调查。

步骤1：自主拟定“同居”专题访谈提纲（不少于3个问题）。

“同居”专题访谈提纲

____

____

____

____

____

____

____

步骤2：根据提纲，开展访谈，并完成访谈记录（不少于3份有效样本）。

“同居”专题访谈记录

访谈人：______________________________

与谈人：______________________________

访谈时间：______________________________

访谈方式：______________________________

访谈地点：______________________________

访谈内容：______________________________

____

____

____

____

____

____

____

____

____

步骤 3：两人一组，共同分析整理收集的访谈样本，完成小组的调查报告。

“同居”专题调查报告
小组成员：________________
小组汇报人：________________
调查结论 1：________________
调查结论 1 的理由：理由（1）________________
理由（2）________________
理由（3）________________
调查结论 2：________________
调查结论 2 的理由：理由（1）________________
理由（2）________________
理由（3）________________
调查结论 3：________________
调查结论 3 的理由：理由（1）________________
理由（2）________________
理由（3）________________

任务六：观看电影《刑场上的婚礼》，经讨论后撰写《刑场上的婚礼》观后感（不少于 800 字）。

《刑场上的婚礼》观后感

学习活动三：创建实用工具箱

同居现象日益普遍，社会对同居也日益宽容，因同居关系引发的财产纠纷和抚养权纠纷法院设立了专门的案由予以解决。那么，为了解决同居关系引发的纠纷，需要具备哪些常用工具呢?

请阅读以下法院判决书改编内容，完成“分手协议的效力”专题的任务七。

判决书改编内容一：

陶某与周某系夫妻。周某与同事刘某发生了婚外恋情。后周刘二人签订“补偿协议”，约定：周某向刘某支付补偿金5万元；之后，双方不得在任何时间、采用任何方式打扰和影响对方的生活、工作与朋友。周某转账给付刘某2万元。后陶某起诉至法院，请求判决：1. 确认补偿协议无效；2. 刘某返还分手补偿费2万元。

法院审理认为，此协议涉及婚外恋情，有违公序良俗原则，而本案实质系周某和刘某为解除双方不正当婚外恋而签订的赠与协议，故该补偿协议应认定无效；周某已经付的2万元，不得要求返还，余下的3万元，周某不用支付。

判决书改编内容二：

周女士与汤先生于2016年初相识，后以男女朋友身份交往，2017年10月左右开始同居，2018年11月20日生育一子。2018年8月8日，汤先生出具《承诺书》一份，载明：确认周女士现怀孕26周婴儿为本人子女，因本人尚有婚姻存在，为补偿周女士及腹中婴儿，承诺如下：自《承诺书》出具之日起至周女士生下婴儿满18周岁止，每月支付婴儿生活抚养费1万元。后来周女士起诉至法院，要求汤先生履行该《承诺书》。汤先生辩称，《承诺书》无效，因为周女士通过拿走其车钥匙及手机、威胁发朋友圈、不让其睡觉等方式胁迫其签订该《承诺书》。

法院审理认为：

1. 关于胁迫。汤先生曾在公安机关分别制作三次询问笔录，并无限制人身自由的行为发生，“一方面就是周女士将我的车钥匙和手机拿走了，然后就是口头上说让我不要离开，一定要将事情协商好才能走；另一方面我考虑如果事情谈不好，周女士就会去找我父母、发朋友圈，我也怕事情弄大，我就想自己将事情协商好”，上述情形尚未达到被“胁迫”的程度。

2. 关于协议。同居分手协议是一类比较特殊的合同，不应一概认定无效，需要区别情况不同对待。在不违反法律法规强制性规定的前提下，既要坚持公序良俗，更要保护好妇女儿童和当事人的合法权益，对双方签订协议时的动机以及签订的协议条款内容进行综合考量。就本案而言，协议主要内容是对二人非婚生子女抚养费的约定，有其合法合理之处，在金额符合社会大众所能接受的一般道德行为标准时，不能单纯为了惩罚婚外同居行为，而损害非婚生子女的合法权益。

3. 判决结果。法院综合考虑汤先生的收入状况及负担能力，结合子女实际需要、当地实际生活水平及案件实际情况，在兼顾公平原则的情况下酌情调整周先生的抚养费为每月 4000 元。

任务七：请列举认定“分手协议的效力”的法律依据。

____

____

____

____

____

____

____

____

____

____

____

____

____

____

____

____

____。

学习活动四：应用拓展

任务八：按照要求，可从新闻媒体、身边真人真事、法院裁判等途径查找、收集和整理生活中的“分手协议”案例或事例（不少于3份），并分析其法律效力，请回答以下问题。

问题1：查找收集“分手协议”案例或事例，按照要求整理笔记。

“分手协议”案例或事例1

案例或事例来源：________________

当事人：________________

事实经过：________________

____

____

“分手协议”主要内容：________________

____

____

“分手协议”案例或事例2

案例或事例来源：________________

当事人：________________

事实经过：________________

____

____

“分手协议”主要内容：________________

____

____

“分手协议”案例或事例3

案例或事例来源：________________

当事人：________________

事实经过：________________

____

____

“分手协议”主要内容：________________

____

____

问题2：请分析以上3个案例或事例中的“分手协议”的法律效力，并给出相应的解决纠纷的建议。

“分手协议”案例或事例1

法律效力：______

原因解析：（1）事实理由______

______

（2）法律依据______

______

纠纷解决建议：______

______

______

______

______

“分手协议”案例或事例2

法律效力：______

原因解析：（1）事实理由______

______

（2）法律依据______

______

纠纷解决建议：______

______

______

______

______

“分手协议”案例或事例3

法律效力：______

原因解析：（1）事实理由______

______

（2）法律依据______

______

纠纷解决建议：______

______

______

______

______

项目五

抚养纠纷

学习任务

一、任务情境描述

Y先生与X女士原系夫妻关系，2012年3月30日经法院调解离婚，确定婚生女Z（2009年2月28日出生）由Y先生负责抚养，Y先生现已再婚。后X女士以Y先生对子女Z照顾不周、不配合其探望等为由，向法院提起诉讼，要求变更子女Z由自己抚养、Y先生每月给付抚养费3000元至子女Z年满18周岁。

夫妻离婚时，无论是协议约定，还是法院判决，对于未成年子女的抚养一般都会作出相应的安排。在抚养未成年子女全面健康成长的过程中，这种安排常常因这样或那样的原因，会发生变化，引发纠纷。那么，如何处理这类抚养纠纷呢？

二、学习活动及学时分配表

活动序号	学习活动	学时安排	备注
1	案例研习	2	
2	思政课堂	2	
3	创建实用工具箱	2	
4	应用拓展	2	

学习活动一：案例研习

请阅读以下法院判决书，完成任务一至任务三。

北京市第二中级人民法院
民事判决书

［（2021）京02民终14709号］

节选：

上诉人窦某因与被上诉人董某变更抚养关系纠纷一案，不服北京市丰台区人民法院（2021）京0106民初10544号民事判决，向本院提起上诉。本院立案后依法组成合议庭进行了审理。本案现已审理终结。

窦某上诉请求：撤销一审判决书；改判支持窦某的一审诉讼请求或将本案发回重审，上诉费用由董某承担。事实和理由如下。

1. 一审判决不准许变更抚养权的事实确有错误。被上诉人并未对窦××尽到抚养义务，被上诉人离婚后便前往美国工作、生活，由于工作需要，长时间内都无法回国，只能把孩子放在国内由姥姥、姥爷抚养照顾。孩子现在正处于身心健康人格形成的关键时期，父亲或者母亲的陪伴在这一时期显得尤为重要，被上诉人这种情况对于孩子健康发展是极为不利的。根据《最高人民法院关于适用〈中华人民共和国民法典〉婚姻家庭编的解释（一）》的相关规定，上诉人请求变更抚养关系，符合变更的条件。

2. 婚生子窦××为男孩，男孩更适合父亲抚养，被上诉人并未对婚生子尽到亲自抚养义务，本案应予改判。被上诉人在一审中辩称每次上诉人接孩子都会哭闹是不存在的，孩子与上诉人有着深厚的父子之情，即使是离婚后，上诉人每个月也会亲自将孩子接回住处，父子相处十分融洽。虽然上诉人已经再婚且于2020年12月育有一女，但是这并不影响上诉人抚养窦××，反而更有利于孩子身心发育，不仅有父亲的陪伴，童年时期也会有妹妹的陪伴。上诉人的现任妻子对于窦××也是疼爱有加，相处也非常融洽。考虑孩子入学，上诉人有优质的学区房，且上诉人父母退休身体健康。窦××为男孩，随着年龄的增长，无论是从生活上还是生理上由男方抚养更为适宜。上诉人现在有稳定的工作和收入，可以为孩子的生活提供保障，而被上诉人长时期内是无法回国抚养孩子的。若将孩子接到国外抚养，被上诉人工作十分繁忙，孩子的姥爷、姥姥也不便出国照顾孩子，这对于孩子的身心发展是极为不利的。

董某辩称：同意一审判决，不同意上诉人的上诉请求。窦××出生在美国，现有美国国籍。当时男方提出离婚，离婚之后董某按照原来的计划到美国，租住房子准备让孩子的姥姥与孩子一起到美国去，男方一直拿着孩子护照，导致孩子无法出境。董某在2019年11月回国与男方面谈，双方签订协议，孩子的护照交给女方。对于探望孩子也进行了约定。2020年1月董某回到国内，因疫情原因董某先行回到美国，董某经常视频与孩子沟通，孩子的姥姥是部队幼儿园的园长，也有充分的育儿经验。男方不具备抚养孩子的客观条件，男方已经再婚且生育了孩子，这个孩子比窦××的年龄还小，男方工作繁忙不具备自己抚养孩子的条件，也是要求助于父母的。对于孩子出国生活双方已有明确的安排，男方改变意见董某也很不理解，董某有能力抚养孩子。

窦某向一审法院起诉请求：1. 判令婚生子窦××由窦某抚养；2. 判令董某每月支付抚养费2000元；3. 诉讼费由董某承担。

一审法院认定事实：窦某与董某原系夫妻关系，2018年3月10日生育一子窦××。二人于2019年7月30日经法院判决离婚，窦××由董某抚养，窦某每月支付抚养费2000元。窦某对窦××有探望权。现董某在美国进修。窦××由董某的父母照顾。

一审审理中，双方均认可窦某已经再婚，并且生育子女。

一审法院认为，具有下列情形之一，父母一方要求变更子女抚养关系的，人民法院应予支持：（1）与子女共同生活的一方因患有严重疾病或者因伤残无力继续抚养子女；（2）与子女共同生活的一方不尽抚养义务或有虐待子女行为，或者其与子女共同生活对子女身心健康确有不利影响；（3）已满八周岁的子女，愿随另一方生活，该方又有抚养能力；（4）有其他正当理由需要变更。本案中，并不存在上述法律规定的变更子女抚养关系的情形，且窦××年龄尚小，董某具备抚养能力，只是受到疫情影响，暂时由董某的父母照顾窦××。从现在的情况看，窦××已经进入幼儿园，生活学习环境稳定，有保障。故综合上述情况，法院认为，维持现有抚养关系较为妥当，窦××由董某继续抚养。

综上，一审法院依据《最高人民法院关于适用〈中华人民共和国民法典〉婚姻家庭编的解释（一）》第五十六条规定，判决：驳回窦某的诉讼请求。

二审中，双方当事人均未提交新的证据。本院查明的事实与一审无异。

本院认为，对子女抚养问题，应当从有利于子女身心健康，保障子女的合法权益出发，结合父母双方的抚养能力和抚养条件等具体情况妥善解决。根据《最高人民法院关于适用〈中华人民共和国民法典〉婚姻家庭编的解释（一）》第五十六条规定，具有下列情形之一，父母一方要求变更子女抚养关系的，人民法院应予支持：（1）与子女共同生活的一方因患严重疾病或者因伤残无力继续抚养子女；（2）与子女共同生活的一方不尽抚养义务或有虐待子女行为，或者其与子女共同生活对子女身心健康确有不利影响；（3）已满八周岁的子女，愿随另一方生活，该方又有抚养能力；（4）有其他正当理由需要变更。本案中，窦某与董某于2019年7月30日离婚，法院判决窦××由董某抚养。现婚生子窦××虽已超过二周岁，但年龄尚幼。董某具备抚养能力及抚养条件，仅因疫情影响窦××暂由董某父母照顾。窦某虽起诉主张变更抚养关系，但未举证证明本案存在前述规定的应变更子女抚养关系的情形，亦未证明窦××由董某抚养会对子女身心健康及合法权益造成不利影响。综合考虑本案相关情况，本院认为维持窦××相对稳定的成长环境，维持现有的抚养关系更为妥当。一审法院对于窦某的诉讼请求不予支持，并无不妥，本院予以维持。窦某的上诉理由依据不足，本院不予支持。

综上所述，窦某的上诉请求不能成立，应予驳回；一审判决认定事实清楚，适用法律正确，应予维持。依照《中华人民共和国民事诉讼法》第一百七十条第一款第一项规定，判决如下：

驳回上诉，维持原判。

二审案件受理费150元，由窦某负担（已交纳）。

本判决为终审判决。

任务一：概括基本案情，填写下表。

诉讼主体	诉讼请求/判决结果	事实理由（不超过200字）
上诉人		
被上诉人		
一审法院		
二审法院		

任务二：归纳案件争议焦点。

____

____

____

____

____

____

____。

任务三：根据变更抚养关系的法定情形，列举相应的证据材料，填写下表。

法定情形	证据
1. 因患严重疾病或者因伤残无力继续抚养子女	1. 1____________ ____________ 1. 2____________ ____________ 1. 3____________ ____________
2. 不尽抚养义务或有虐待子女行为，或者其与子女共同生活对子女身心健康确有不利影响	2. 1____________ ____________ 2. 2____________ ____________ 2. 3____________ ____________
3. 已满八周岁的子女，愿随另一方生活，该方又有抚养能力	3. 1____________ ____________ 3. 2____________ ____________ 3. 3____________ ____________
4. 有其他正当理由需要变更	4. 1____________ ____________ 4. 2____________ ____________ 4. 3____________ ____________

学习活动二：思政课堂

离婚后子女抚养问题的应知应会

父母与子女间的关系，不因父母离婚而消除。夫妻离婚时，无论是协议离婚，还是经法院调解或判决离婚，都必须对未成年子女以及不能独立生活的成年子女的抚养问题作出妥善安排。

离婚后，无论子女随哪一方共同生活，父母双方对于子女都仍有抚养、教育、保护的权利和义务。父母不履行抚养义务的，未成年子女或者不能独立生活的成年子女有权要求父母给付抚养费，包括生活费、教育费、医疗费等费用。“不能独立生活的成年子女”包括尚在校接受高中及其以下学历教育，或者丧失、部分丧失劳动能力等非因主观原因而无法维持正常生活的成年子女。婚姻关系存续期间，父母双方或者一方拒不履行抚养子女义务，未成年子女或者不能独立生活的成年子女请求支付抚养费的，人民法院同样应予支持。

离婚后，不满两周岁的子女，原则上由母亲直接抚养。但如果母亲有下列情形之一，父亲请求直接抚养的，人民法院应予支持：(1) 患有久治不愈的传染性疾病或者其他严重疾病，子女不宜与其共同生活；(2) 有抚养条件不尽抚养义务，而父亲要求子女随其生活；(3) 因其他原因，子女确不宜随母亲生活。此外，如果父母双方协议不满两周岁子女由父亲直接抚养，且对子女健康成长无不利影响的，人民法院应予支持。

已满两周岁的子女，一般由父母双方协商解决抚养问题，协议不成的，由人民法院根据双方的具体情况，按照最有利于未成年子女的原则判决。如果父母均要求直接抚养，一方有下列情形之一的，可予优先考虑：(1) 已做绝育手术或者因其他原因丧失生育能力；(2) 子女随其生活时间较长，改变生活环境对子女健康成长明显不利；(3) 无其他子女，而另一方有其他子女；(4) 子女随其生活，对子女成长有利，而另一方患有久治不愈的传染性疾病或者其他严重疾病，或者有其他不利于子女身心健康的情形，不宜与子女共同生活。此外，如果父母抚养子女的条件基本相同，双方均要求直接抚养子女，但子女单独随祖父母或者外祖父母共同生活多年，且祖父母或者外祖父母要求并且有能力帮助子女照顾孙子女或者外孙子女的，可以作为父或者母直接抚养子女的优先条件予以考虑。如果子女已满八周岁的，应当尊重其真实意愿。在有利于保护子女利益的前提下，父母双方协议轮流直接抚养子女的，人民法院应予支持。

离婚后，子女由一方直接抚养的，另一方应当负担部分或者全部抚养费。负担费用的多少和期限的长短，由双方协议；协议不成的，由人民法院根据子女的实际需要、父母双方的负担能力和当地的实际生活水平确定。有固定收入的，抚养费一般可以按其月总收入的百分之二十至三十的比例给付。负担两个以上子女抚养费的，比例可以适当提高，但一般不得超过月总收入的百分之五十。无固定收入的，抚养费的数额可以依据当年总收入或者同行业平均收入，参照上述比例确定。有特殊情况的，可以适当提高或者降低上述比例。抚养费应当定期给付，有条件的可以一次性给付。父母一方无经济收入或者下落不明的，可以用其财物折抵抚养费。抚养费的给付期限，一般至子女十八周岁为止。十六周岁以上不满十八周岁，以其劳动收入为主要生活来源，并能维持当地一般生活水平的，父母可以停止给付抚养费。

离婚后，父母一方要求变更子女抚养关系的，或者子女要求增加抚养费的，应当另行提起诉讼。具有下列情形之一，父母一方要求变更子女抚养关系的，人民法院应予支持：（1）与子女共同生活的一方因患严重疾病或者因伤残无力继续抚养子女；（2）与子女共同生活的一方不尽抚养义务或有虐待子女行为，或者其与子女共同生活对子女身心健康确有不利影响；（3）已满八周岁的子女，愿随另一方生活，该方又有抚养能力；（4）有其他正当理由需要变更。此外，父母双方协议变更子女抚养关系的，人民法院应予支持。

父母不得因子女变更姓氏而拒付子女抚养费。父或者母擅自将子女姓氏改为继母或继父姓氏而引起纠纷的，应当责令恢复原姓氏。具有下列情形之一时，子女要求有负担能力的父或者母增加抚养费的，人民法院应予支持：（1）原定抚养费数额不足以维持当地实际生活水平；（2）因子女患病、上学，实际需要已超过原定数额；（3）有其他正当理由应当增加。

任务四：请阅读以下法院裁决文书，分小组讨论后，回答以下问题。

习近平总书记高度重视家庭教育，多次发表重要讲话、作出重要指示。习近平总书记强调，广大家庭都要重言传、重身教，教知识、育品德，身体力行、耳濡目染，帮助孩子扣好人生的第一粒扣子，迈好人生的第一个台阶。2016 年 12 月 12 日，习近平总书记在会见第一届全国文明家庭代表时强调："作为父母和家长，应该把美好的道德观念从小就传递给孩子，引导他们有做人的气节和骨气，帮助他们形成美好心灵，促使他们健康成长，长大后成为对国家和人民有用的人。"

2022 年 1 月 1 日起，《中华人民共和国家庭教育促进法》正式施行，家庭教育由以家规、家训、家书为载体的传统模式，向以法治为引领和驱动、以社会主义核心价值观为主要内容、以立德树人为根本任务的新模式迭代升级，将家庭教育由传统"家事"上升为新时代的重要"国事"。①

案件介绍：

2020 年 8 月，原告胡某和被告陈某协议离婚，约定女儿胡小某由其母即被告陈某抚养，原告每月支付抚养费。一个月后，因被告再婚，有两三个星期未送胡小某去上学。自 2020 年 12 月 10 日起，原告为胡小某找来全托保姆单独居住，原告自己住在距胡小某住处 20 公里的乡下别墅内，由保姆单独照护胡小某，被告每周末去接孩子。原告胡某认为离婚后，被告陈某未能按约定履行抚养女儿的义务，遂将陈某诉至法院，请求法院判令将女儿胡小某的抚养权变更给原告。经法庭询问，胡小某表示更愿意和妈妈陈某在一起生活。

法院经审理认为，原告胡某与被告陈某协议离婚后，对未成年女儿胡小某仍负有抚养、教育和保护的义务。本案原、被告双方都存在怠于履行抚养义务和承担监护职责的行为，忽视了胡小某的生理、心理与情感需求。鉴于胡小某表达出更愿意和其母亲即被告一起共同生活的主观意愿，法院判决驳回原告的诉讼请求。同时，法院认为，被告陈某在无正当理由的情况下由原告委托保姆单独照护年幼的女儿，属于怠于履行家庭教育责任的行为，根据家庭教育促进法的相关规定，应予以纠正。

---

① https：//baijiahao. baidu. com/s？ id = 1732897523602683746&wfr = spider&for = pc.

法院裁定书

湖南省长沙市天心区人民法院
家庭教育令

［（2021）湘0103民机10368号］

被监护人：胡某茜，女，2013年生，汉族，系胡某与陈某的生女。

义务履行人：陈某，1984年，汉族，住长沙市天心区。

本院认为，《中华人民共和国未成年人保护法》对监护人委托代为照护有严格的前提条件限制，设置有“无正当理由不得委托”的禁止性规定。陈某作为监护人，在有监护能力的情况下无正当理由，由胡某茜父亲以委托他人单独照护女儿胡某茜的方式来履行其监护职责中的照护义务，主观上忽视了胡某茜的生理、心理状况和情感需求，客观上对胡某茜的身心健康发育形成伤害，属于《中华人民共和国未成年人保护法》中规定的“怠于履行照护职责”的行为，违反了监护人委托照护的禁止性规定，依法应予以纠正。

《中华人民共和国家庭教育促进法》规定父母应承担对未成年人实施家庭教育的主体责任，合理运用亲自养育、加强亲子陪伴等方式方法。陈某作为胡某茜的母亲，在无正当理由的情况下由胡某茜父亲委托保姆单独照护年幼的女儿，主观上系怠于承担对胡某茜的家庭教育主体责任，客观上对胡某茜的全面健康成长形成阻碍，属于《中华人民共和国家庭教育促进法》中规定的“怠于履行家庭教育责任”的行为，依法应予以纠正。

综上，依据《中华人民共和国未成年人保护法》第十六条、第二十二条，《中华人民共和国家庭教育促进法》第十四条、第十七条、第二十一条、第四十八条之规定，裁定如下。

一、要求陈某多关注胡某茜的生理、心理状况和情感需求，与学校老师多联系、多沟通，保持与老师至少每周一次的联系频次，了解胡某茜的详细状况；并应详细了解保姆照顾胡某茜的具体情况。

二、要求陈某与胡某茜同住，切实履行监护职责，承担起家庭教育的主体责任，不得让胡某茜单独与保姆居住生活，应该与陈某同住，由自己或近亲属亲自养育与陪伴胡某茜。

本裁定自作出之日起至一年内有效。本裁定失效前，胡某茜本人或密切接触胡某茜的单位，可以根据实际情况向人民法院提出申请撤销、变更或者延长。义务履行人陈某对本裁定不服的，可以自裁定生效之日起五日内向本院申请复议一次，复议期间不停止本裁定的执行。

如义务履行人陈某违反本裁定，本院将依据《中华人民共和国未成年人保护法》第一百一十八条、第一百二十九条，《中华人民共和国家庭教育促进法》第五十四条之规定，视情节轻重，予以训诫、罚款、拘留；构成犯罪的，依法追究刑事责任。

长沙市天心区人民法院

二〇二二年一月六日

问题1：如何认识和评价《家庭教育令》的作用和意义？

《家庭教育令》的作用和意义

小组成员：＿＿＿＿＿＿＿＿＿＿＿＿

小组汇报人：＿＿＿＿＿＿＿＿＿＿＿＿

小组观点1：＿＿＿＿＿＿＿＿＿＿＿＿

小组观点1的理由：理由（1）＿＿＿＿＿＿＿＿＿＿＿＿

理由（2）＿＿＿＿＿＿＿＿＿＿＿＿

理由（3）＿＿＿＿＿＿＿＿＿＿＿＿

小组观点2：＿＿＿＿＿＿＿＿＿＿＿＿

小组观点2的理由：理由（1）＿＿＿＿＿＿＿＿＿＿＿＿

理由（2）＿＿＿＿＿＿＿＿＿＿＿＿

理由（3）＿＿＿＿＿＿＿＿＿＿＿＿

小组观点3：＿＿＿＿＿＿＿＿＿＿＿＿

小组观点3的理由：理由（1）＿＿＿＿＿＿＿＿＿＿＿＿

理由（2）＿＿＿＿＿＿＿＿＿＿＿＿

理由（3）＿＿＿＿＿＿＿＿＿＿＿＿

问题2：如何在解决抚养纠纷中，弘扬我国社会主义核心价值观？

在解决抚养纠纷中弘扬社会主义核心价值观

小组成员：________________

小组汇报人：________________

小组观点1：________________

小组观点1的理由：理由（1）________________

____

理由（2）________________

____

理由（3）________________

____

小组观点2：________________

小组观点2的理由：理由（1）________________

____

理由（2）________________

____

理由（3）________________

____

小组观点3：________________

小组观点3的理由：理由（1）________________

____

理由（2）________________

____

理由（3）________________

____

学习活动三：创建实用工具箱

抚养纠纷一般包括抚养费纠纷和变更抚养关系纠纷。那么，为了解决抚养纠纷，需要具备哪些常用工具呢？

请阅读以下法院判决书改编内容，完成“抚养费纠纷”专题的任务五和任务六。

判决书改编内容一：

原告付小某的母亲韩某某与被告付某某于2012年12月7日结婚，于2013年9月18日生育付小某。韩某某住院生育原告付小某的医疗费用由被告付某某支付。自原告出生后，其母亲韩某某即带其离开单独居住至今，被告付某某未支付过原告抚养费。被告付某某现无固定收入。原告要求被告每月支付抚养费1500元，自2013年9月开始支付，每半年支付一次，并承担本案诉讼费。

郑州市惠济区人民法院判决：被告付某某于本判决生效后十日内，按照每月人民币400元的标准，一次性支付原告付小某自2013年10月至判决生效之日的抚养费；被告付某某于本判决生效后，按照每月人民币400元的标准，支付原告的抚养费至十八周岁；驳回原告付小某过高部分的诉讼请求。

任务五：请列举抚养纠纷可发生在父母婚姻关系存续期间的法律依据。

____

____

____

____

____

____

____

____

____

____。

判决书改编内容二：

麻某某的法定代理人李某与麻晓某原系夫妻关系，麻某某系双方婚生子。后双方于2011年12月1日离婚，离婚协议书中约定：双方婚生之子麻某某由女方抚养，男方每月10日前支付共计1500元人民币，抚养费每年根据情况酌情增加，麻某某在学习、医疗等各方面的开支双方共同承担。2013年2月15日至2月22日，麻某某因间歇性外斜视、双眼屈光不正到北京儿童医院住院治疗，共支出医疗费13422.02元。2010年、2012年麻某某参加北京某少儿围棋培训，共支出教育费11105元。2013年，李某起诉至人民法院，请求增加每月应当支付的抚养费，请求判令被告支付麻某某的医疗费和教育培训费用。

关于子女生活费和教育费的协议或判决，不妨碍子女在必要时向父母任何一方提出超过协议或判决原定数额的合理要求。为保护未成年人利益，促进未成年人身心的全面发展，法律适当鼓励未成年人根据个人天赋与爱好参与一定的课外辅导课程。本案中麻某某长期参加围棋辅导班，从父母婚姻关系存续期间持续到离婚之后，麻晓某在婚姻关系存续期间对此同意，离婚后知情但未明确表示反对。目前也缺乏证据证明围棋班与麻某某兴趣不符，并不属于过分报班的情形，因而依法应予支持。

任务六：请列举确定“抚养费”标准的法律依据。

____

____

____

____

____

____

____

____

____

____

____

____

____

____。

判决书改编内容三：

刘某与博某原系夫妻关系，育有一子博小某。2012年5月与刘某与博某协议离婚。协议约定：原告由其母刘某抚养，被告每月给付抚养费1500元，于每月12日前支付，从第二个月开始抚养费逾期未转账，则赔偿违约金30000元/次。2012年6月至2012年10月被告每月给付原告抚养费1500元，2012年11月开始不再给付。2014年5月28日，博小某将博某诉至人民法院，请求支付2012年12月至2014年5月间的抚养费，并依约支付违约金。

人民法院认为：抚养费的协议可以且只能约定抚养费的数额，且该法定义务不能因父母双方的协议而免除。因此，公民法定义务的履行只能依据法律法规的约束，而不宜因公民之间约定的违约金条款而予以约束。抚养费设立的初衷是为了保护离婚后未成年人子女的合法权益，是以赋予未抚养一方法定义务的方式，努力使得未成年子女的生活恢复到其父母离婚前的状态。抚养费本质上是一种针对未成年人的保障，因此，抚养人不应以违约金的形式从子女的抚养费中获利。故对于原告要求支付拖欠的抚养费的诉讼请求，本院予以支持；双方约定的违约金条款于法无据，对于原告要求赔偿违约金的诉讼请求本院不予支持。

判决书改编内容四：

原告李某霖系被告李某之子，被告与原告的母亲于2008年9月协议离婚。离婚协议书约定“原告李某霖由男方抚养，女方暂代养孩子四年，男方不支付抚养费。孩子上大学、结婚费用全部由男方承担。”当时原告李某霖刚满14岁，此后原告李某霖一直由其母亲刘某抚养。自2012年9月，原告李某霖进入武汉科技大学学习，除每年需要交纳学费、校内住宿费、职业培训费等，还需要一大笔生活费，原告李某霖因此多次向被告要钱支付上述费用，但被告作为父亲一直拒不支付。原告李某霖诉至法院，请求法院依法判令被告支付学费27840元、生活费用60000元、培训费4770元、购买电脑费用6600元、购买羽绒服费用859元，共计99469元。

人民法院认为，我国高等教育的逐渐普及，没能经济独立的子女就读大学（含各类职业技术学校）的费用，由有经济能力的父母支付已然成为一种惯例。根据民法典、未成年人保护法等法律规定，父母没有义务支付该部分费用。这就造成了习惯做法、社会传统和法律规定的冲突。尤其是在离异家庭中，这种冲突直接导致了亲情的反目。

本案中，原告刘某与被告李某的离婚协议是双方真实意思表示，双方对于孩子上大学学费、生活费和结婚费用的约定，是其离婚协议的一部分，是双方在离婚时就子女读书、婚嫁事宜作出的合理安排，且原告刘某为达成离婚协议而自愿承担原告李某霖成年之前的抚养义务，并免除了被告李某支付抚养费的法定义务，这也可视为原告刘某为争取到孩子的大学学费和婚嫁费用而在其他方面作出的让步。这种约定不违反法律的禁止性规定，合法有效，依法应当得到法律的支持和认可。

任务七：请列举确定“抚养费协议”效力的法律依据。

学习活动四：应用拓展

任务八：按照要求，可从新闻媒体、身边真人真事、法院裁判等途径，查找、收集和整理生活中的“抚养纠纷”案例或事例（不少于 3 份），请回答以下问题。

问题 1：查找收集“抚养纠纷”案例或事例，按照要求整理笔记。

“抚养纠纷”案例或事例 1

案例或事例来源：________________

当事人：________________

事实经过：________________

____

____

争议焦点：________________

____

“抚养纠纷”案例或事例 2

案例或事例来源：________________

当事人：________________

事实经过：________________

____

____

争议焦点：________________

____

“抚养纠纷”案例或事例 3

案例或事例来源：________________

当事人：________________

事实经过：________________

____

争议焦点：________________

____

问题2：请分析以上3个案例或事例中的“抚养纠纷”的争议焦点，并给出相应的解决纠纷的建议。

“抚养纠纷”案例或事例1

争议焦点的基本结论：________________

____

原因解析：（1）事实理由________________

____

（2）法律依据________________

____

纠纷解决建议：________________

____

____

____

“抚养纠纷”案例或事例2

争议焦点的基本结论：________________

____

原因解析：（1）事实理由________________

____

（2）法律依据________________

____

纠纷解决建议：________________

____

____

____

“抚养纠纷”案例或事例3

争议焦点的基本结论：________________

____

原因解析：（1）事实理由________________

____

（2）法律依据________________

____

纠纷解决建议：________________

____

____

____

项目六

赡养纠纷

学习任务

一、任务情境描述

年过古稀的M女士系杨桥镇某村村民，其丈夫F先生已去世多年。M女士与F先生育有四子一女。M女士一直在最小的儿子家里生活，由于兄弟间分家时闹过不愉快，其他子女跟最小的儿子有些矛盾，所以不太愿意去照顾M女士。M女士把其他子女告上法庭，要求他们承担赡养义务。

赡养纠纷一直是涉及老年人权益保护案件的主流。特别是在广大农村地区，赡养纠纷不断发生，一些老年人没有子女赡养，生活十分窘迫。老年人的赡养问题不只是“家务事”，也是法律层面的权益保护问题。那么，赡养纠纷应该如何处理呢？

二、学习活动及学时分配表

活动序号	学习活动	学时安排	备注
1	案例研习	2	
2	思政课堂	2	
3	创建实用工具箱	2	
4	应用拓展	2	

学习活动一：案例研习

请阅读以下法院判决书，完成任务一至任务四。

辽宁省沈阳市中级人民法院
民事判决书

［（2022）辽01民终1815号］

上诉人（原审原告）：李某1，男，汉族，住沈阳市浑南区。

被上诉人（原审被告）：李某2，男，汉族，现辽宁省凌源。

被上诉人（原审被告）：赵某，女，汉族，住沈阳市沈河区。

上诉人李某1与被上诉人决李某2、赵某赡养费纠纷一案，不服沈阳市沈河区人民法院（2021）辽0103民初14178号民事判决，向本院提起上诉。本院立案后，依法组成合议庭审理了本案。本案现已审理终结。

上诉人李某1上诉请求：撤销一审判决，依法改判给付上诉人赡养费2000元；被上诉人承担一、二审一切费用。事实与理由：二被上诉人有多处房产和厂房，每年部分房产对外出租可以获得稳定收入，赵某租房年收入17万多元，上诉人每月低保658元。一审应依照老年人权益保障法，判决每月赡养费2000元。

被上诉人赵某答辩称："同意一审判决。疫情期间我的房子都没有出租出去，都在闲置。上诉人有洗车店，还在营业，有收入，还有低保收入。"

被上诉人李某2未提供答辩意见。

李某1向一审法院提起诉请：1. 请求法院判决李某2、赵某支付老人赡养费每月2000元；2. 李某2、赵某承担一切诉讼费用包括诉讼费。

一审法院认定事实：李某2系李某1儿子，赵某系李某1儿媳。李某1没有养老金，每月只有658元低保补助，现李某1身体多病生活困难。李某1要求李某2、赵某给付赡养费未果，诉至法院。另查，李某2现在凌源第四监狱服刑。再查，李某2与赵某夫妻有多处房产及厂房等，部分对外出租获取收益。

一审法院认为，根据民法典的规定，成年子女对缺乏劳动能力或者生活困难的父母有赡养的义务。虽然本案当事人李某2现在凌源第四监狱服刑，赵某无固定工作，但其夫妻二人有多处房产及厂房等，每年部分房产对外出租都可获得稳定收入，因此对老人应尽赡养的义务，故根据李某2、赵某目前的实际情况，酌定判令每月给付李某1赡养费1000元。

一审法院依据《中华人民共和国民法典》第一千零六十七条规定，判决如下：一、李某2、赵某自2022年1月起每月给付李某1赡养费1000元至李某1死亡止；二、驳回李某1的其他诉讼请求及赵某的抗辩。如果未按判决指定的期间履行给付金钱义务，应当依照《中华人民共和国民事诉讼法》第二百五十三条规定，加倍支付迟延履行期间的债务利息。案件受理费100元，由李某2、赵某负担。

本院二审期间，当事人围绕上诉请求提交了新证据，本院组织当事人进行了证据交换和质证。上诉人提交证据照片五张，证明李某2有洗车店一个、房屋若干收取租金；被上诉人质证称是真实的，但房屋都没有租出去，是闲置的。被上诉人提供执行裁定书复印件一份，证明上诉人有债权正在执行中，其有生活来源；上诉人质证称执行书所涉款项没有执行回来。本院经审查，双方对证据真实性没有异议，但均不能证明双方主张的待证事实，故本院对上述证据不予采信。二审经审理查明的事实与一审法院认定的事实相一致，本院予以确认。

本院认为，子女对父母有赡养扶助的义务。子女不履行赡养义务时，无劳动能力或生活困难的父母，有要求子女给付赡养费的权利。人民法院认定赡养费的标准包括，当地经济水平、被赡养人的实际需求及赡养人的经济能力。一审综合考量李某1的日常生活需要以及李某2、赵某家庭情况、经济负担能力等情况，酌情认定李某2、赵某每月支付赡养费1000元，并无不当，本院予以维持。

李某1提供的证据不足以证明李某2、赵某的实际收入情况，故对李某1的上诉主张，本院不予支持。一审适用法律亦无不当，对李某1主张的一审适用法律不当的上诉主张，本院不予支持。

综上所述，李某1的上诉请求不能成立，应予驳回；一审判决认定事实清楚，适用法律正确，应予维持。依照《中华人民共和国民事诉讼法》第一百七十七条第一款第一项规定，判决如下：

驳回上诉，维持原判。

二审案件受理费100元，由李某1负担。
本判决为终审判决。

审判长　孙某
审判员　洪某
审判员　赵某某
二〇二二年四月二十六日
书记员　侯某某

任务一：概括基本案情，填写下表。

诉讼主体	诉讼请求/判决结果	事实理由（不超过200字）
上诉人		
被上诉人		
一审法院		
二审法院		

任务二：分析二审中当事人提交的新证据，填写下表。

新证据	证据类型	证明目的	证据来源	相对方的质证意见	法院的审理意见
照片五张					
执行裁定书复印件一份					

任务三：归纳案件争议焦点。

____

____。

任务四：根据人民法院认定赡养费的标准，列举相应的证据材料，填写下表。

	认定标准	证据
人民法院认定赡养的标准	1. 当地经济水平	1.1______________________ ______________________ 1.2______________________ ______________________ 1.3______________________ ______________________
	2. 被赡养人的实际需求	2.1______________________ ______________________ 2.2______________________ ______________________ 2.3______________________ ______________________
	3. 赡养人的经济能力	3.1______________________ ______________________ 3.2______________________ ______________________ 3.3______________________ ______________________

学习活动二：思政课堂

赡养问题的应知应会

我国人口老龄化问题日趋严重。2021年第七次全国人口普查数据公布，我国60岁及以上人口数量2.6402亿人，占比18.7%；其中65岁及以上人口数量1.9064亿人，占比13.5%。老有所养、老有所依是社会主义核心价值观的必然要求。百善孝为先，“孝”文化是中华民族传统文化的核心。尽孝道，赡养父母，既是弘扬家庭美德的主要途径，更是成年子女的法定义务。成年子女不履行赡养义务的，缺乏劳动能力或者生活困难的父母有权要求成年子女给付赡养费。当老年人因为身体、智力、精神健康状况等方面原因，不敢或者不能独立保护自己合法权益时，需要全社会共同的关注和帮助，也需要国家相关部门的介入和支持。

赡养，即照顾衰老的父母。成年子女等赡养义务人应当履行对老年人经济上供养、生活上照料和精神上慰藉的义务，照顾老年人的特殊需要。成年子女对父母的法定赡养义务基于身份而产生，并不以父母是否尽到抚养义务为前提，亦不受父母是否有财产、分过家或分家不公平以及财产继承等问题的影响，双方不得约定免除，也不得附条件和期限。

父母可以直接要求子女给付赡养费，也可以请求居民委员会、村民委员会以及所在单位调解，说服子女给付。如果子女不履行赡养义务时，无劳动能力的或生活困难的父母可以通过诉讼程序向人民法院提出请求。

成年子女不履行赡养义务时，无劳动能力的或生活困难的父母，有要求子女给付赡养费的权利。赡养费的给付内容分为六个方面：（1）老年人基本赡养费；（2）老年人的生病治疗费用；（3）生活不能自理老人的护理费用；（4）老年人的住房费用；（5）必要的精神消费支出；（6）必要的保险金费用。

计算赡养费，必须考虑当地的经济水平、被赡养人的实际需求、赡养人的经济能力等。其中最重要的是赡养人的经济能力即承担赡养义务子女家庭的人均月收入，子女人均月收入低于最低生活保障线时，视为该子女无力向父母提供赡养费。子女家庭人均月收入高于最低生活保障线时，超出部分，二个子女以内的按50%计算赡养费；三个子女以上的按40%计算赡养费。应付的赡养费除以被赡养人数得出付给每个被赡养人的赡养费。

任务五：阅读以下两则案例，分小组讨论后，回答以下问题。

重庆市酉阳土家族苗族自治县法律援助中心对陈某赡养纠纷提供法律援助案

陈某是重庆市酉阳土家族苗族自治县（以下简称酉阳县）楠木乡某村的建档立卡贫困户，其含辛茹苦将8个儿女抚育成人。老伴儿去世后，陈某先是与大儿子生活了一段时间，后又搬到长期外出务工的小儿子家中居住。随着年纪越来越大，陈某生活无法自理，几个子女既不愿照料老人的生活起居，也不愿承担赡养老人的责任。

2020年4月14日，陈某委托亲属向酉阳县法律援助中心递交了法律援助申请。酉阳县法律援助中心认为陈某的情况符合法律援助条件，立即启动绿色通道，优先受理、优先审批，迅速指派重庆渝法律师事务所律师承办此案。承办律师接受指派后，前往陈某家中了解案件详细情况，按照老人的诉求向酉阳县人民法院提起诉讼，要求8个子女履行赡养义务。

2020年5月8日上午，此案开庭审理。庭审中，承办律师用法、理、情相结合发表代理意见：本案中，陈某辛苦养大8个子女，晚年生活贫困且体弱多病，却因种种原因无人照顾。孝敬、赡养父母是子女应尽的法定义务，根据相关法律规定，子女应承担照顾老人的责任。听了律师入情入理的陈述，陈某的4个女儿意识到自己的错误，当庭表示愿意共同承担照顾母亲的责任。

庭审结束后，酉阳县人民法院依法作出判决：由老人的8个子女每人每月分别支付赡养费100元、护理费400元，并负责照顾老人的生活起居。

胡某祥、万某妹与胡某平赡养纠纷检察院支持起诉案

胡某祥、万某妹系夫妻。胡某祥现年84岁，基本丧失劳动能力。万某

妹现年75岁，2019年7月因出血性脑梗死、高血压、糖尿病等先后住院两次，丧失自理能力。胡某祥、万某妹夫妇育有五名子女且均已成家，其中长女胡某玉患有精神疾病无赡养能力，次子胡某平有赡养能力但拒绝赡养父母，其余三子女不同程度地承担赡养义务。胡某祥、万某妹夫妻每月收入不足1400元，无力支付医疗费、护理费，生活陷入困境。

2019年12月17日，胡某祥、万某妹夫妇因次子胡某平不履行赡养义务，生活陷入困境，就起诉维权事宜向江西省南昌市青山湖区罗家镇司法所申请法律援助，并向江西省南昌市青山湖区人民检察院（以下简称青山湖区检察院）申请支持起诉，该院审查后予以受理。

青山湖区检察院经询问当事人、实地走访等了解到，胡某祥、万某妹夫妇生活基本不能自理，次子胡某平以其父母不抚养孙辈、财产分配不均等为由拒不分担老人医疗费、护理费，经村民委员会调解未果。考虑到本案系家事纠纷，应联合司法所、村民委员会等引导调处缓解家庭矛盾，青山湖区检察院开展一系列有针对性的矛盾化解工作。一是主动约谈胡某平夫妇，向其宣讲老年人权益保障法等相关法律，阐明拒绝赡养老人的法律后果；二是主动邀请胡某平亲戚邻居参与矛盾化解，帮助胡某平夫妇认识到拒绝赡养老人带来的亲情损害，与社会主义核心价值观相悖。经多次调解，胡某平夫妇对父母的态度发生较大变化，愿意花钱请人护理，但其同意承担的费用与客观需要尚有一定差距，无法达成和解协议。

2019年12月23日，胡某祥、万某妹向江西省南昌市青山湖区人民法院（以下简称青山湖区法院）提起诉讼，青山湖区检察院同日发出支持起诉意见书。检察机关认为，敬老爱老自古以来就是中华民族的传统美德。成年子女应当履行对父母经济供养、生活照料和精神慰藉的赡养义务，使患病的父母及时得到治疗和护理。胡某平作为胡某祥、万某妹之子，拒不履行赡养义务，有违法律规定。

青山湖区法院受理本案后，青山湖区检察院主动就前期矛盾纠纷化解情况与法院沟通，配合开展调解工作。在法院、检察院、派出所、司法所等共同努力下，当事人达成调解协议。2019年12月26日，青山湖区法院作出民事调解书：一、胡某祥、万某妹的生活费由其自理，子女胡会某、胡和某、胡某包及胡某平每月按顺序轮流负责护理父母胡某祥、万某妹，胡某平支付相应的护理费；二、胡某祥、万某妹的医疗费用由子女胡某平、胡某包各负担一半。

问题1：如何在解决赡养纠纷中，充分发挥社会主义核心价值观的引领作用？

充分发挥社会主义核心价值观在解决赡养纠纷中的引领作用

小组成员：________________

小组汇报人：________________

小组观点1：________________

小组观点1的理由：理由（1）________________

____

____

理由（2）________________

____

____

理由（3）________________

____

____

小组观点2：________________

小组观点2的理由：理由（1）________________

____

____

理由（2）________________

____

____

理由（3）________________

____

____

小组观点3：________________

小组观点3的理由：理由（1）________________

____

____

理由（2）________________

____

____

理由（3）________________

____

____

问题2：以小组为单位，设计一份以“老年人权益保护”为主题的法治教育宣传活动方案。方案可以参考以下格式，也可以自拟。

“老年人权益保护”为主题的法治教育宣传活动方案
小组成员：________________
活动目的：________________
活动时间：________________
参与活动人员：________________
活动安排：活动（1）________________ ________________ ________________
活动（2）________________ ________________ ________________
活动（3）________________ ________________ ________________
活动（4）________________ ________________ ________________
活动（5）________________ ________________ ________________

学习活动三：创建实用工具箱

赡养纠纷一般包括赡养费纠纷和变更赡养关系纠纷，这两类纠纷往往交织在一起，并不截然分开。司法实践中，哪些是解决此类纠纷的必备实用工具呢？

请阅读以下法院判决书改编内容，完成“赡养纠纷”专题的任务六和任务七。

判决书改编内容一：

原告与其丈夫郭先生共育有三个子女。1985 年 4 月 25 日，郭先生与郭×1、郭×2 签订分家协议，其中就赡养问题作了如下约定：“1. 郭×1 抚养母亲，郭×2 抚养父亲。2. 父母在 60 岁以前哥俩每人每月给零花钱 5 元，60 岁以后每人每月给 10 元。”郭×2 履行了赡养父亲的义务，父亲于 2010 年 8 月去世后，郭×2 对父亲进行了安葬，此后原告独自生活。2014 年 10 月 14 日，原告持诉称理由诉至本院，要求随郭×2 一起生活，并要求三被告给付赡养费、负担医药费。另查，原告每月有约 1200 元收入。2014 年 10 月 14 日，原告因冠心病、心力衰竭、高血压、糖尿病等疾病住院。

本院（北京市怀柔区人民法院）认为：赡养父母是子女应尽的义务，原告现已年迈，且体弱多病，丧失了劳动能力，确实需要子女赡养，虽然被告郭×1、郭×2 曾协议原告由郭×1 抚养，但该约定免除了郭×2、郭×3 的法定义务，属无效约定，故对原告要求被告给付赡养费并负担医药费的诉讼请求本院予以支持。就原告的居住和日常照料问题，原告表示愿意随郭×2 生活，而郭×2 亦表示同意，本院尊重当事人的意见。就赡养费的数额和医药费负担比例问题，考虑到被告郭×1、郭×2 与父亲签订的分家协议中约定，父亲由郭×2 抚养，原告由郭×1 抚养，且郭×2 已履行了对父亲的全部赡养义务，郭×1 应当多承担对原告的赡养义务，赡养费的具体数额和医药费的负担比例由本院酌情确定。综上，判决如下：

一、原告张×自二〇一四年十一月一日起，随被告郭×2 一起生活，由被告郭×2 照顾原告张×的日常生活。

二、被告郭×1 每月给付原告张×赡养费三百元（自二〇一四年十月十四日起，每三个月给付一次）。

三、自二〇一四年十月十四日起，被告郭×1负担原告张×医药费的二分之一，被告郭×2、郭×3各负担原告张×医药费的四分之一（凭有效医疗票据，每三个月结算一次）。

判决书改编内容二：

2019年6月3日，F先生及其子女等共5人在瓦房店市人民调解委员会处就F先生的赡养问题、财产分割问题进行了调解，并达成一致意见，最终签订协议书。该协议约定“一、房屋分割：F先生将其与妻子（已去世）、女儿F3共同所有的五间平房本人份额和继承老伴的份额给女儿F3；其他三名子女自愿放弃继承该房屋母亲的所属份额，由F3继承。二、土地分割：F先生与老伴共同分得承包地6.4亩，F先生将自己所属份额给F3所有，其他三名子女自愿放弃继承母亲所属土地份额，给F3所有。三、赡养问题：F先生由F3赡养，其生老病死一切费用由F3负责，与其他三名子女无关。”2020年9月11日，F先生已离开F3家回自己的老房子居住。

一审法院认为：老年人的合法权益受法律保护，子女对父母有赡养扶助的义务。F先生与子女之间达成了由女儿F3赡养F先生的协议。但因F先生与F3发生矛盾，离开了F3家回老房子单独居住生活，致使赡养协议无法继续履行。F先生认为F3不履行协议约定的赡养义务，虽然F3予以否认，但继续履行该协议无疑会对F先生身心健康造成损害，签订该协议的目的不能实现，因该赡养协议具有人身属性，协议书无法继续履行，F先生解除协议书的诉请于法有据。

二审法院认为，关于2019年6月3日签订的协议书，F3主张案涉协议书已履行近一年半时间，其积极履行赡养义务，案涉协议书的订立和履行有利于老人F先生的晚年生活，于情于理均不应判令解除。从本案查明事实可知，F先生因与F3发生矛盾，已离开F3家。又因赡养协议具有人身属性，协议能否继续履行应充分尊重F先生的意见与感受，不适宜强制履行，故一审判决认定案涉协议书无法继续履行，进而判决解除该协议书并无不当，本院予以维持。

任务六：结合案例，请列举认定“赡养协议的效力”及赡养纠纷的法律依据。

____
____
____。

判决书改编内容三：

1983年，陈某与姜某经人介绍相识后结婚；姜某与前夫育有一子（12岁）和一女（14岁），随姜某共同生活。同年9月，陈某因犯盗窃罪，被江苏省如东县人民法院判处有期徒刑六年，于1989年9月刑满释放，陈某与姜某于2013年11月25日登记离婚。现陈某已年近80岁，无劳动能力和收入来源，故将姜某的子女（已成年）诉至法院，要求二人承担赡养义务。

江苏省如东县人民法院经审理认为：赡养人是指老年人的子女以及其他依法负有赡养义务的人。赡养人应当履行对老年人经济上供养、生活上照料和精神上慰藉的义务，照顾老年人的特殊需要。本案中，被告母亲与陈某1983年结婚后，带二被告与陈某共同生活，原被告之间系继父母子女关系。但是，陈某因犯罪于同年9月即被判处刑罚，至其刑满释放，未能对二被告进行抚养教育。庭审中，双方均确认陈某未能就二被告在成长、生活过程中的抚养、教育、婚嫁、置业等方面给予生活上照料、经济上资助，故双方未能形成事实上的抚养教育关系，双方之间的权利和义务不适用民法典中对父母子女关系的有关规定，二被告依法不应对陈某承担赡养义务。

任务七：根据案例，归纳总结认定“继父母子女之间形成实质性的抚养和教育关系”的事实及证据。

	事实	证据
事实依据	1. 再婚时继子女是否为未独立生活的未成年人	1.1________ ________ 1.2________ ________
	2. 双方是否共同生活	2.1________ ________ 2.2________ ________
	3. 继父母是否负担继子女的抚养和教育费用	3.1________ ________ 3.2________ ________
	4. 共同生活抚养教育未成年继子女持续时间的长短	4.1________ ________ 4.2________ ________
	5. 其他因素	5.1________ ________ 5.2________ ________

学习活动四：应用拓展

任务八：按照要求，可从新闻媒体、身边真人真事、法院裁判等途径查找、收集和整理生活中的“赡养纠纷”案例或事例（不少于3份），请回答以下问题。

问题1：查找收集“赡养纠纷”案例或事例，按照要求整理笔记。

“赡养纠纷”案例或事例1

案例或事例来源：______________________________

当事人：______________________________

事实经过：______________________________

____

____

争议焦点：______________________________

____

____

“赡养纠纷”案例或事例2

案例或事例来源：______________________________

当事人：______________________________

事实经过：______________________________

____

____

争议焦点：______________________________

____

____

“赡养纠纷”案例或事例3

案例或事例来源：______________________________

当事人：______________________________

事实经过：______________________________

____

____

争议焦点：______________________________

____

____

问题2：请分析以上3个案例或事例中的“赡养纠纷”的争议焦点，并给出相应的解决纠纷的建议。

“赡养纠纷”案例或事例1

争议焦点的基本结论：__________

____

原因解析：（1）事实理由__________

____

（2）法律依据__________

____

纠纷解决建议：__________

____

____

____

“赡养纠纷”案例或事例2

争议焦点的基本结论：__________

____

原因解析：（1）事实理由__________

____

（2）法律依据__________

____

纠纷解决建议：__________

____

____

____

“赡养纠纷”案例或事例3

争议焦点的基本结论：__________

____

原因解析：（1）事实理由__________

____

（2）法律依据__________

____

纠纷解决建议：__________

____

____

____

项目七

收养纠纷

学习任务

一、任务情境描述

1994年F先生收养S为养子。F先生抚养S长大成人，在S到适婚年龄后，给S操持婚事。在S结婚初期，F先生为其照看孩子，双方其乐融融。但是，近几年双方因为家庭琐事产生矛盾，S屡次打骂F先生，打砸F先生的家，不跟F先生联络。S的行为给F先生的生活带来了巨大的影响和压力。2021年6月7日，F先生起诉要求与S解除收养关系，并请求法院判令S补偿F先生收养期间的抚养费、教育费。

收养纠纷事关父母子女的身份关系，同时伴随着老年人赡养、未成年人保护、财产继承等问题，还关乎社会公共利益。我国收养的法律制度从无到有，从单行收养法到民法典，一直都在发展与完善。收养纠纷往往时间跨度大，在事实认定与法律适用上都较为复杂。那么，收养纠纷应该如何处理呢？

二、学习活动及学时分配表

活动序号	学习活动	学时安排	备注
1	案例研习	2	
2	思政课堂	2	
3	创建实用工具箱	2	
4	应用拓展	2	

学习活动一：案例研习

请阅读以下法院判决书节选内容，完成任务一至任务四。

法院判决书节选一：

河北省高级人民法院
民事判决书

［（2016）冀民再87号］

抗诉机关：河北省人民检察院。

申诉人（一审被告、二审上诉人）宋某某，男，1954年4月14日出生，汉族，农民，现住涉县。

申诉人（一审被告、二审上诉人）李某某，女，1954年8月27日出生，汉族，农民，现住涉县。

二申诉人委托代理人：李某，河北卓耀律师事务所律师。

被申诉人（一审原告、二审被上诉人）：李某某2，女，1951年5月10日出生，汉族，农民，现住涉县。

委托代理人：付某某，男，1978年4月13日出生，汉族，农民，现住涉县，系李某仙之子。

申诉人宋某某、李某某因与被申诉人李某某2确认收养关系纠纷一案，不服邯郸市中级人民法院（2011）邯市民再终字第120号民事判决，向检察机关申诉。河北省人民检察院于2015年2月4日作出冀检民监（2014）394号民事抗诉书，对本案提出抗诉。本院于2015年4月28日作出（2015）冀民抗字第43号民事裁定，提审本案。本院依法组成合议庭公开开庭审理了本案。河北省人民检察院指派助理检察员赵新平、李梦出庭，申诉人宋某某及其委托代理人李某，被申诉人李某某2及其委托代理人付某某到庭参加诉讼。本案现已审理终结。

法院判决书节选二：

贵州省遵义市中级人民法院
民事判决书

［（2017）黔03民再52号］

再审申请人（一审原告、二审被上诉人）：高某某，女，1970年4月18日出生，汉族，贵州省仁怀市人，住仁怀市。

委托代理人：张某某，仁怀市法律援助中心法律工作者。

被申请人（一审被告、二审上诉人）：黄某某，女，1994年9月29日出生，汉族，贵州省仁怀市人，住仁怀市。

委托代理人：杨某某，男，1967年9月8日出生，汉族，贵州省仁怀市人，住仁怀市，系黄某某之叔。

委托代理人：陈某，贵州山一律师事务所律师。

再审申请人高某某因与被申请人黄某某确认收养关系纠纷一案，不服贵州省仁怀市人民法院（2015）仁民初字第03894号民事判决，向本院提起上诉。本院于2016年6月7日作出（2016）黔03民终1441号民事判决，该判决已经发生法律效力。高某某不服，向贵州省高级人民法院提出再审申请，贵州省高级人民法院以（2017）黔民申183号民事裁定，指令本院再审本案。本院受理后，依法另行组成合议庭公开开庭审理了本案，再审申请人高某某及其委托代理人张某某，被申请人黄某某及其委托代理人杨某某、陈某到庭参与了诉讼。本案现已审理终结。

法院判决书节选三：

重庆市高级人民法院
民事判决书

［（2017）渝民再273号］

再审申请人（一审原告、二审上诉人）：刘某某，男，1949年3月8日出生，住重庆市大足区。

委托诉讼代理人：黄某某，重庆天朗律师事务所律师。

被申请人（一审被告、二审被上诉人）：刘某，女，1992年6月5日出生，住重庆市沙坪坝区。

委托诉讼代理人：蒋某，重庆泰升律师事务所律师。

再审申请人刘某某因与被申请人刘某确认收养关系纠纷一案，不服重庆市第一中级人民法院（2017）渝01民终3546号民事判决，向本院申请再审。本院于2017年11月1日作出（2017）渝民申1691号民事裁定，提审本案。本院依法组成合议庭，开庭审理了本案。再审申请人刘某某及其委托诉讼代理人黄某某、被申请人刘某及其委托诉讼代理人蒋某到庭参加诉讼，本案现已审理终结。

任务一：梳理判决书节选一中的案件基本信息，回答问题。

问题1：列举案件中的诉讼主体。

____

____

____

____。

问题2：案件历经了哪些诉讼程序？

____

____

____

____。

任务二：梳理判决书节选二中的案件基本信息，回答问题。

问题1：列举案件中的诉讼主体。

____

____

____。

问题2：案件历经了哪些诉讼程序？

____

____

____。

任务三：梳理判决节选三中的案件基本信息，回答问题。

问题 1：列举案件中的诉讼主体。

____

____

____。

问题 2：案件历经了哪些诉讼程序？

____

____

____。

任务四：对比分析以上法院判决书节选中的基本信息，填写下表。

		诉讼主体	诉讼程序
相同点			
不同点	判决书节选一		
	判决书节选二		
	判决书节选三		

学习活动二：思政课堂

收养问题的应知应会

收养是指自然人依照法律规定的条件和程序，领养他人的子女为自己的子女，使之发生父母子女间权利义务关系的民事法律行为。收养是产生拟制血亲的主要途径，因收养而形成的拟制血亲是亲属关系的重要组成部分。收养行为是创设身份的法律行为，应当符合法律规定的条件和程序。收养行为一旦成立，会产生拟制与解消两个方面的效力。收养的拟制效力是指，收养关系成立后，收养人与被收养人之间形成养父母子女关系；收养的拟制效力还及于近亲属，即养子女与养父母的近亲属之间产生法律拟制的近亲属之间的权利义务关系。收养的解消效力是指收养关系一经成立，即消灭了养子女与其生父母之间的权利义务关系，同时也消灭了与生父母的近亲属之间的权利义务关系。

收养具有以下法律特征：(1) 收养是身份法律行为，以变动身份为内容，不得代理；(2) 收养是要式法律行为，必须采取法律规定的形式才能生效；(3) 收养行为可以解除。收养的成立是养父母养子女亲属关系发生的唯一途径，收养必须符合一定的条件，履行法定的手续，才能合法有效，才能受到法律的确认和保护。

民法典中明确规定，收养应当遵循最有利于被收养人的原则，保障被收养人和收养人的合法权益。禁止借收养名义买卖未成年人。通常情况下，并不是所有的未成年人都可以被收养，有且仅有丧失父母的孤儿、查找不到生父母的未成年人、生父母有特殊困难无力抚养的子女才能成为被收养人。收养人应当同时具备下列条件：无子女或者只有一名子女；有抚养、教育和保护被收养人的能力；未患有在医学上认为不应当收养子女的疾病；无不利于被收养人健康成长的违法犯罪记录；年满 30 周岁。送养人应当是孤儿的监护人、儿童福利机构或有特殊困难无力抚养子女的生父母。

收养成立的条件包括：(1) 当事人主体适格，即收养人，被收养人、送养人均符合法律的相关规定；(2) 须收养人和送养人达成收养合意。如被收养人年满 10 周岁的，应当征得其同意；(3) 不违反社会公德及国家计划生育法律政策。这三个条件是收养构成的实质性要件，是通常情况下建立收养关系时，当事人和收养行为均应当具备的条件。子女姓氏的更改，是收养的法律效力的表现之一。养子女可以随养父或者养母的姓氏，经当事人协商一致，也可以保留原姓氏。

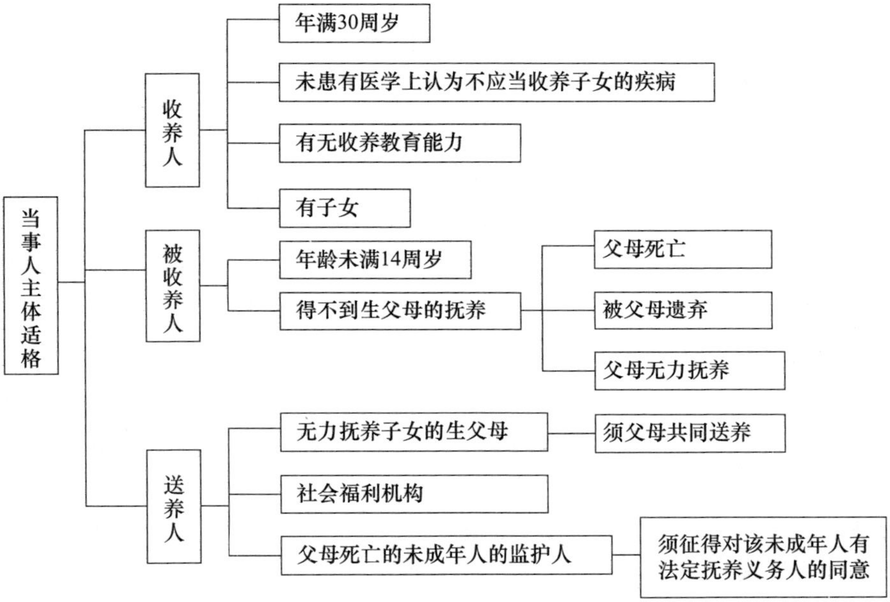

收养关系的程序：收养人向县级以上人民政府民政部门提出收养申请；经过民政部门的审查、公告后，与送养人一起，双方亲自前往民政部门办理收养等记。收养登记属于行政许可行为，是我国收养关系成立的唯一法定程序。

人民法院处理解除收养纠纷应遵循以下原则：第一，养子女未成年的，原则上不得判决解除收养关系。但若收养关系已经明显恶化，或者收养人不履行抚养义务的，应依法解除收养关系。第二，养子女成年后，养父母或养子女一方要求解除收养关系的，应根据具体情况分别处理。在双方关系恶化，确实无法共同生活的情况下，应当准予解除。

任务五：阅读以下两则事例，完成任务分小组讨论后，回答以下问题。

事例一：

张白鸽两个月大时被拾荒的张双奇收养，张双奇对她视如己出。2021年，为了报恩，张白鸽暂停工作，花66万元买了一辆房车，和父亲来了一场说走就走的旅行。他们从河南出发，途经陕西，到达四川，一路奔向拉萨，穿过广阔的新疆……基本上在祖国的版图上走了一个圈。2022年7月，天安门广场，张白鸽扛着75岁养父看升旗。这一刻，辛劳了一辈子的父亲脸上满是骄傲的神情。“他陪我长大，我陪他变老”。如今，女儿只想尽可能实现父亲的心愿。

事例二：

老张夫妇收留、抚养了朋友家时年4岁的小凯，此后抚养小凯至硕士研究生毕业，为工作后的小凯购置车辆。近年来，老张夫妇与小凯之间不断产生矛盾，加上小凯如今在外地工作，鲜少回家探望老张夫妇，打电话联系小凯亦拒不接听。无奈之下，老张夫妇将小凯诉至法院，认为双方养父母子女关系已经无法继续维持，要求解除收养关系，并要求小凯补偿两人收养期间支出的抚育费、教育费及其他费用共计60万元。小凯解释：自己并未嫌弃、拒绝赡养老张夫妇，而是近来双方之间因家庭琐事多次发生矛盾纠纷，害怕通话中与养父母继续发生正面冲突；加上自己身体状况欠佳，工作繁忙，因此未接听电话。小凯表示，愿意将老张夫妇赡养到老，如果老张夫妇坚持解除收养关系，自己无力支付抚养补偿费60万元。

问题1：张白鸽登上热榜后，网络上有人为她点赞，有人说她作秀。请问：你是如何看待张白鸽的行为呢？为什么？

“女孩扛起75岁养父看升旗”是作秀？还是孝道？

小组成员：______________________________

小组汇报人：______________________________

小组观点1：______________________________

小组观点1的理由：理由（1）______________________________

____

理由（2）______________________________

____

理由（3）______________________________

____

小组观点2：______________________________

小组观点2的理由：理由（1）______________________________

____

理由（2）______________________________

____

理由（3）______________________________

____

小组观点3：______________________________

小组观点3的理由：理由（1）______________________________

____

理由（2）______________________________

____

理由（3）______________________________

____

问题2：以小组为单位，充分讨论："他陪我长大，我陪他变老"在当下对于我们大学生而言，有哪些现实困难？如何从我做起，在一点一滴中实现"他陪我长大，我陪他变老"？在此基础之上，以"他陪我长大，我陪他变老"为主题，撰写倡议书，倡议大学生青年积极弘扬德孝文化。

"他陪我长大，我陪他变老"为主题的倡议书

学习活动三：创建实用工具箱

收养纠纷一般包括确认收养关系纠纷和解除收养关系纠纷，这两类纠纷往往交织在一起，并不截然分开。解除收养关系的前提是收养关系有效成立。司法实践中，哪些是解决此类纠纷的必备实用工具呢？

请阅读以下法院判决书改编内容，完成“收养纠纷”专题的任务六和任务七。

判决书改编内容一：

刘某1系一名弃婴，1992年6月6日，刘某某夫妇收养了刘某1，并为刘某1在××县公安局城关派出所办理了户籍登记，户籍记载显示刘某1系户主刘某某的长女。刘某某夫妇收养刘某1后，未到民政部门办理收养登记。刘某1随刘某某夫妇一起生活成长。在平时的生活中，刘某1称呼刘某某夫妇为老汉（系爸爸）、妈妈，街坊邻居及亲朋好友均知道刘某1系刘某某夫妇的女儿。后刘某某向人民法院起诉，请求依法确认刘某某、刘某1之间的收养行为无效。

人民法院经审理后认为，1992年4月1日起施行的《中华人民共和国收养法》第十五条第一款规定：“收养查找不到生父母的弃婴和儿童以及福利机构抚养的孤儿的，应当向民政部门登记”；第二十四条规定：“违反《中华人民共和国民法通则》第五十五条和本法规定的收养行为无法律效力。收养行为被人民法院确认无效的，从行为开始时就没有法律效力”。本案中，刘某某夫妇收养弃婴刘某1的时间为1992年6月6日，系在前述法律规定施行之后发生的收养关系，应受该法律规定的约束。按照前述法律规定，刘某某夫妇收养弃婴，未到民政部门办理收养登记的行为违反法律规定，该收养行为应当被认定为无效。对于刘某1辩称其与刘某某夫妇已形成事实收养关系的意见，因事实收养关系的法律依据是1984年《最高人民法院关于贯彻执行民事政策法律若干问题的意见》第二十八条的规定，而本案收养行为发生在1992年4月1日《中华人民共和国收养法》施行后，根据新法优于旧法的原则，对不符合《中华人民共和国收养法》规定的收养关系不能认定为事实收养。因此，人民法院最终确认刘某某收养刘某1的行为无效。

判决书改编内容二：

1987年2月8日，原告付某某、李某某夫妇生一女儿，经井店镇四街村杨某介绍，原告付某某、李某某将女儿委托给宋某某夫妇抚养，每年酬金500元，取名宋某彦，并将户口登记在涉县井店镇台东村。1988年春，宋某彦满一周岁后至上小学前，既在李某某姐姐家居住，也在宋某某夫妇家居住，有时也在李某某家居住。宋某彦读小学时，回到被告宋某某夫妇家中上小学。宋某彦在涉县井店镇中学读初中时，又开始和原告付某某、李某某一起生活。2005年，宋某彦到天津打工，2008年不幸发生交通事故死亡。后因交通事故赔偿金分配问题，原告、被告发生争议。原告认为被告与宋某彦形成寄养法律关系，并未形成事实收养关系；被告认为收养关系合法有效。

人民法院认定宋某某夫妇与宋某彦形成合法有效的收养关系。

首先，付某某、李某某主张宋某某夫妇与宋某彦之间系寄养关系，证据不足。宋某某夫妇为证明其主张，申请证人杨某出庭作证，证明付某某夫妇给宋某某夫妇500元抚养宋某彦一年，但并未证明宋某彦一周岁后的情况；申请证人王某出庭作证，并提交北寨村委会证明，证明宋某彦一周岁后到上小学前由王某母亲、李某某姐姐抚养，但由于王某系李某某外甥，上述证据并不足以确认宋某彦一周岁后到上小学前是由李某某姐姐抚养；称宋某彦上小学期间是寄养在宋某某夫妇家并支付了费用，但并未提交证据证明。付某某、李某某提交的其他证据也不足以证明宋某某夫妇与宋某彦是寄养关系。

其次，宋某某夫妇辩称其夫妇与宋某彦形成收养关系，其提交的证据中，1988年、2000年户口簿中均载明户主宋某某、长女宋某彦；2008年8月18日天津市交通警察部门对付某某的询问笔录中显示："问：'你女儿叫什么名字?'答：'宋某彦，女21岁，出生二十多天给了对方钱让宋某彦现在的父母养起来了，她现在父亲、母亲是宋某某夫妇。我们两家关系不错的，两村相距不太远。初中一年级开始宋某彦在井店中学读书，开始与我们家里一起生活到2004年，2005年出去打工至今。'问：'春节与谁在一起过年?'答：'跟我在一起，平时也去她养父母家里。'"据此可以认定，付某某在处理宋某彦死亡一事时认可宋某某夫妇为宋某彦的养父母；2008年9月10日台东村委会证明，宋某某家庭成员四个子女中，宋某某夫妇因1989年5月计划外生育4胎被处罚4444元。此外，宋某某夫妇还提交了宋某彦学生证、2011年台东村委会证明，并申请证人张某出庭作证，证实宋某彦从小就在宋某某家生活。上述证据能够形成完整的证据链条，证明宋某彦与宋某某夫妇以养父母关系长期共同居住。

《中华人民共和国收养法》于1992年4月1日起施行，因而本案不适用该法。根据《最高人民法院关于学习、宣传、贯彻执行〈中华人民共和国收养法〉的通知》第二条“……收养法施行前受理，施行时尚未审结的收养案件，或者收养法施行前发生的收养关系，收养法施行后当事人诉请确认收养关系的，审理时应使用当时的有关规定”的规定，本案应适用1984年8月30日实施的《最高人民法院关于贯彻执行民事政策法律若干问题的意见》。该意见第四部分“收养问题”第（28）条规定：“亲友、群众公认，或有关组织证明确以养父母与养子女关系长期共同生活的，虽未办理合法手续，也应该按收养关系对待。”宋某某夫妇提交的证据足以证明其夫妇与宋某彦的关系符合上述法律规定，应当认定为收养关系。

本院认为，宋某彦出生后经杨某介绍由宋某某夫妇抚养，宋某彦一周岁至上小学前由其大姨李某某和宋某某夫妇共同抚养，上小学后在宋某某夫妇家中居住生活直到小学毕业。宋某彦在宋某某家生活多年，户口落在宋某某家，也随宋某某姓，对宋某某夫妇以父母相称，并在宋某某所在村庄分得了承包土地。宋某彦与宋某某夫妇虽未办理合法手续，但依据《最高人民法院关于贯彻执行民事政策法律若干问题的意见》第四部分“收养问题”第（28）条的规定，形成了事实收养关系。

任务六：结合案例，请梳理认定“确认收养关系”纠纷的法律依据。

____

____

____

____

____

____

____

____

____

____。

判决书改编内容三：

白某与融某1系夫妻关系，二人于1966年收养融某。2007年3月2日，融某1去世，白某与融某共同生活。2007年起，白某身体逐渐衰弱，多次住院治疗。2017年10月16日至2017年11月21日期间，白某再次因冠状动脉粥样硬化性心脏病于北京大学首钢医院住院治疗。2017年11月21日，白某由其侄子融某2从医院接出并送至养老院，经询问，白某一方未告知白某现居于何处。关于融某本人彼时未接白某出院回家之原因，融某称因其当时亦因乳腺癌及脑膜瘤等原因，于2017年9月22日至12月5日在北京肿瘤医院住院治疗。

2018年1月2日，融某以法定继承纠纷将白某诉至法院，要求继承融某1和白某的位于北京市石景山区某教工楼3-1-303号的共有房屋及融某1遗留的现金及国债，法院已依法作出裁判。

2018年2月6日，白某以解除收养关系纠纷将融某诉至法院，以2017年11月21日融某拒绝接其出院，不负担养老院费用，以及融某提起法定继承诉讼为由，证明双方关系恶化，无和好及共同生活之可能，要求解除双方收养关系，判令融某一次性支付白某生活费和教育费人民币32.4万元，并承担诉讼费。

人民法院认为，根据1998年《中华人民共和国收养法》第二十七条之规定，养父母与成年养子女关系恶化、无法共同生活的，可以协议解除收养关系。不能达成协议的，可以向人民法院起诉。因此，判断收养关系是否应予解除，关键在于衡量双方是否关系恶化，是否无法共同生活。由于收养关系解除带来双方身份关系以及一系列社会关系的变化，对老年人来讲，亦面临老无所养的生活困境，因此，应该结合双方关系恶化的原因、是否有修复的可能、收养人的合法权益是否受到持续侵害，被收养人的主观过错、被收养人的悔过表现等事实谨慎衡量。

本案中，白某自1966年收养融某，距今已近54年，自2007年融某1去世后，融某与白某共同生活并照顾其生活起居，具有较为深厚的感情基础。对于白某诉讼中所提出的其与融某关系恶化的事由，经审查，2017年11月21日白某出院时融某未接其出院系因当时融某患乳腺癌等疾病入院治疗，无法照顾白某；融某与白某之间的几次诉讼均事出有因，融某在诉讼中也作出了合理的解释，不应简单视为系双方关系恶化的表现。现虽白某已搬至养老院，但融某表示愿意接白某回家并继续履行赡养义务，或提供白某所需费用，以尽女儿之责。由此可见，双方之间的矛盾并非不可调和。综合本案事实，本院认为，双方自2017年之后发生的矛盾不可与半个世纪的抚育关爱相提并论，长期的共同生活中产生误解摩擦，在所难免，关键是要互相理解、积极沟通，解决问题。现白某年事已高，生活起居均需要人照顾，更需要子女的关心与陪伴，在双方无根本且不可调和的矛盾时，本院对白某要求解除收养关系的诉请亦不予支持。

本院另需要说明的是，融某作为子女，应心存感恩，努力改善母女关系，切实尽到对白某经济上供养、生活上照顾和精神上慰藉的义务。白某作为母亲，亦应念及亲情，与子女积极沟通，努力消弭误解，共享天伦之乐。

任务七：根据案例，归纳总结认定“养父母与成年养子女关系恶化、无法共同生活”的事实及证据。

	事实	证据
事实依据	1. 双方关系恶化的原因	1.1____________ ____________ 1.2____________ ____________
	2. 双方关系修复的可能性	2.1____________ ____________ 2.2____________ ____________
	3. 收养人的合法权益是否受到持续侵害	3.1____________ ____________ 3.2____________ ____________
	4. 被收养人的主观过错	4.1____________ ____________ 4.2____________ ____________
	5. 被收养人的悔过表现	5.1____________ ____________ 5.2____________ ____________
	6. 其他	6.1____________ ____________ 6.2____________ ____________

学习活动四：应用拓展

任务八：按照要求，可从新闻媒体、身边真人真事、法院裁判等途径查找、收集和整理生活中有关收养的案例或事例（不少于3份），请回答以下问题。

问题1：查找收集与收养有关的案例或事例，按照求整理笔记。

有关收养的案例或事例1

案例或事例来源：________________

当事人：________________

事实经过：________________

____

____

争议焦点或存在的问题：________________

____

____

有关收养的案例或事例2

案例或事例来源：________________

当事人：________________

事实经过：________________

____

____

争议焦点或存在的问题：________________

____

____

有关收养的案例或事例3

案例或事例来源：________________

当事人：________________

事实经过：________________

____

____

争议焦点或存在的问题：________________

____

____

问题2：请分析以上3个案例或事例中的有关收养的现实问题或争议焦点，并给出相应的解决建议。

有关收养的案例或事例1

分析的基本结论：________________________________

____

原因解析：（1）事实理由________________________________

____

（2）法律依据________________________________

____

解决建议：________________________________

____

____

____

有关收养的案例或事例2

分析的基本结论：________________________________

____

原因解析：（1）事实理由________________________________

____

（2）法律依据________________________________

____

解决建议：________________________________

____

____

____

有关收养的案例或事例3

分析的基本结论：________________________________

____

原因解析：（1）事实理由________________________________

____

（2）法律依据________________________________

____

解决建议：________________________________

____

____

____

项目八

监护纠纷

学习任务

一、任务情境描述

2004 年 F 先生与 M 女士结婚，婚后生育一女 D。D 出生后不久，M 女士离家出走至今，未履行抚养 D 的义务。D 由父亲 F 先生及其祖父母照顾。后 D 的父亲及祖父母先后去世，D 一直由其父亲的姐姐 A 女士照顾。D 的外祖父母未抚养照顾过 D。A 女士认为 D 的母亲 M 女士及 D 的外祖父母从未履行过监护职责，未照顾过 D，其本人务农为生，有监护能力和意愿照顾 D，故申请撤销 D 的母亲 M 女士及 D 的外祖父母的监护人资格，指定其为 D 的监护人。

监护纠纷事关未成年人保护、老年人权益保障等重大社会问题。妥善解决监护权纠纷，是司法机关助力基层治理的重要途径。“最有利于监护人原则”“未成年人利益最大化”是如何贯穿和体现在监护纠纷的处理之中呢？

二、学习活动及学时分配表

活动序号	学习活动	学时安排	备注
1	案例研习	2	
2	思政课堂	2	
3	创建实用工具箱	2	
4	应用拓展	2	

学习活动一：案例研习

请阅读以下法院判决书，完成任务一至任务四。

法院判决书节选：

江阴市人民法院
民事判决书

［（2019）苏0281民特71号］

申请人：某某市民政局，住所地××，统一社会信用代码：××。

负责人：顾某某，某某市民政局局长。

委托诉讼代理人：陈某某，某某市民政局副局长。

委托诉讼代理人：祝某某，远闻（江阴）律师事务所律师。

被申请人：刘某，女，1983年8月26日出生，汉族，户籍地××，住某某市。

申请人某某市民政局与被申请人刘某申请撤销监护人资格一案，本院于2019年6月10日立案受理，依法适用特别程序于2019年7月4日公开开庭审理。申请人某某市民政局的委托诉讼代理人陈某某、祝某某，被申请人刘某到庭参加诉讼，某某市人民检察院指派检察员王某某出庭支持起诉。本案现已审理终结。

申请人某某市民政局提出：被申请人于2018年7月24日早上6时许，将自己的非婚生女婴（2018年7月22日生）遗弃在某某市月城镇医院肝胆大楼东侧女更衣室一塑料盒内，后该女婴由申请人代为抚养。被申请人因对没有独立生活能力的子女，负有抚养义务而拒绝抚养，构成遗弃罪，2019年1月24日，由某某市人民法院判处有期徒刑一年三个月，缓刑一年六个月。

2018年12月24日，某某市人民检察院向申请人发出《申请撤销监护人资格告知书》及《撤销监护权之诉建议书》，要求撤销被申请人监护权。某某市村民委员会声明因不具备抚养条件也无监护能力，无法承担对该女婴的监护责任。现申请人愿意承担对该女婴的监护责任。

因被申请人犯遗弃罪，已不适合继续履行监护职责，为维护女婴合法权益，保护女婴的生存、受教育、医疗保障等权利，现特向法院申请撤销被申请人的监护权，并指定某某市社会福利院抚养该女婴。

某某市人民检察院支持起诉意见认为被申请人刘某作为江某某的亲生母亲，遗弃未成年人，严重损害未成年人身心健康；拒不履行监护职责长达六个月以上，导致未成年人生活无着，可以判决撤销其监护资格。为全面综合保护未成年人合法权益，确保未成年人得到妥善监护照料，依据《中华人民共和国民事诉讼法》第十五条的规定，特提出支持意见，支持起诉某某市民政局的诉讼请求。

被申请人刘某同意撤销其对该女儿的监护权，请法院为女儿指定合适的监护人。

本院经审理查明：被申请人刘某于2018年7月22日在某某市月城镇医院内非婚生育一名女婴后，于同月24日早上6时许，将该女婴遗弃在该院肝胆大楼东侧女更衣室一个塑料盒内。女婴被发现后由某某市公安局月城派出所委托某某市民政局所属的某某市儿童福利院代为抚养，暂用名江某某。某某市儿童福利院以家庭寄养方式抚养江某某至今。

2019年1月24日，被申请人刘某因2015年1月29日及2018年7月22日先后遗弃非婚生男婴、女婴各一名，被某某市人民法院以遗弃罪判处有期徒刑一年三个月，缓刑一年六个月。

另查明，被申请人刘某的父母表示无力承担江某某的抚养、监护责任。其所居住的某某市村民委员会也声明不具备抚养和监护江某某的条件和能力。

某某市公安局月城派出所查寻被监护人江某某的生父未果。

2018年12月，某某市民政局收到某某市人民检察院向其发出的《申请撤销监护人资格告知书》及《撤销监护权之诉建议书》，于2019年6月10日向本院提起诉讼，以刘某犯遗弃罪，已不适合履行监护职责，申请撤销其监护权，申请人某某市民政局愿意承担江某某的监护责任，指定其所属的某某市儿童福利院抚养江某某。

上述事实，有经法庭举证、质证、认证的某某市人民法院刑事判决书、某某市人民检察院起诉书、刘某某、刘某某1放弃监护权声明、月城镇卧龙村村民委员会声明、某某市民政局同意行使监护权声明、某某市公安局月城派出所关于发现弃婴后展开调查，以及委托儿童福利院代养的情况说明及寻找被监护人生父情况说明、询问笔录、申请人与被申请人陈述等证据证实。

本院认为，父母对未成年子女负有抚养、教育和保护的义务。父母是未成年人的监护人。监护人应当履行监护职责，保护被监护人的人身、财产及其他合法权益。监护人不履行监护职责或者侵害被监护人的合法权益的，应当承担责任。人民法院可以根据有关人员或者有关单位的申请，撤销监护人的监护资格，另行指定监护人。本案中，被申请人刘某作为被监护人江某某的亲生母亲，将出生三天的被监护人遗弃，拒绝抚养，严重侵害被监护人的合法权益。依照《最高人民法院、最高人民检察院、公安部、民政部关于依法处理监护人侵害未成年人权益行为若干问题的意见》第三十七条第（一）项的规定，被申请人刘某遗弃被监护人的行为，符合法院判决撤销其监护人资格的情形。被监护人生父不明，被申请人刘某的父母及其所在村民委员会均表示不愿意承担被监护人的监护责任。本院综合考虑刘某父母的年龄、身体状况、经济条件及卧龙村村民委员会的具体情况，认为均不适合作为江某某的监护人。申请人某某市民政局作为履行社会保障职责的国家机关，在收到某某市人民检察院的书面建议后，向本院提出申请，要求撤销被申请人的监护资格，并主动要求代表国家履行对被监护人江某某的监护职责。本院认为，被监护人江某某自被生母遗弃以来，申请人某某市民政局所属儿童福利院代为抚养至今，本院审理期间，会同支持起诉机关对被监护人寄养家庭实地走访观察，确认被监护人得到寄养家庭悉心照料，发育良好，被监护人的生存、抚育、医疗得到保障。在没有合适人员和其他单位担任监护人的情况下，根据《最高人民法院、最高人民检察院、公安部、民政部关于依法处理监护人侵害未成年人权益行为若干问题的意见》第三十六条第三款规定，应指定民政部门担任其监护人。由某某市民政部门取得被监护人江某某的监护权，更有利于保护被监护人的生存、医疗、教育等合法权益，有利于江某某的身心健康。据此，依照《中华人民共和国民法总则》第二十七条第一款、第三十六条、《中华人民共和国未成年人保护法》第五十三条、《中华人民共和国民事诉讼法》第一百八十条之规定，判决如下：

撤销被申请人刘某对江某某的监护权。

指定某某市民政局作为江某某的监护人。

本判决为终审判决。

任务一：梳理判决书中的案件基本信息，填写下表。

地位	申请人	被申请人	委托诉讼代理人	支持起诉人
主体				

任务二：分析判决书中的案件事实与证据，填写下表。

证据名称	证据类型	证明目的
人民法院刑事判决书		
人民检察院起诉书		
刘某父母放弃监护权声明		
村民委员会声明		
民政局同意行使监护权声明		
公安局派出所的情况说明及询问笔录		
申请人陈述		
被申请人陈述		

任务三：归纳案件争议焦点。

____

____

____

____。

任务四：总结案件争议焦点问题，回答问题。

问题 1：撤销被申请人刘某监护权的理由和依据是什么？

____

____

____

____

____

____。

问题 2：指定申请人民政局为监护人的理由和依据是什么？

____

____

____

____

____

____。

学习活动二：思政课堂

监护问题的应知应会

监护，是指对无民事行为能力人和限制民事行为能力人的人身、财产及其他合法民事权益，进行监督和保护的法律制度。民法典全面系统地规定了“监护”制度。监护制度设立的目的是保护无民事行为能力人和限制民事行为能力人的合法权益，避免其受到他人的侵害或侵害他人。

监护法律关系当事人包括监护人和被监护人。监护人，是指履行监护职责的人。根据法律规定，监护人是被监护人的法定代理人。被监护人，是指受到监督和保护的人。被监护人既包括未成年人，也包括成年的无民事行为能力人和限制民事行为能力人。

根据我国民法典总则编第二章第二节的规定，监护设立方式包括：法定监护、遗嘱监护、协议监护、指定监护与意定监护等五种。法定监护，是指根据法律的规定直接产生的监护。遗嘱监护，是指被监护人的父母为监护人时，以遗嘱方式选定监护人的监护。协议监护，是指依法具有监护资格的人之间协议确定监护人的监护。指定监护，是指有法定监护资格的人之间对担任监护人有争议时，由有关单位或法院的指定而产生的监护。意定监护，是指具有完全民事行为能力的成年人可以与其近亲属、其他愿意担任监护人的个人或者组织事先协商，以书面形式确定自己的监护人。协商确定的监护人在该成年人丧失或者部分丧失民事行为能力时，履行监护职责。

除此之外，民法典还规定了“公职监护”和“临时监护”。“公职监护”，即当被监护人没有依法具有监护资格的人时，则由民政部门或者具备履行监护职责条件的被监护人住所地的居民委员会、村民委员会担任监护人的监护。“临时监护”，即在指定监护人前，被监护人的人身权利、财产权利以及其他合法权益处于无人保护状态的，由被监护人住所地的居民委员会、村民委员会、法律规定的有关组织或者民政部门担任临时监护人。

任务五：阅读《习近平关于注重家庭家教家风建设论述摘编》，完成以下问题。

家庭是社会的基本细胞，家庭的前途命运和国家民族的前途命运密切相关。党的十八大以来，习近平同志高度重视家庭家教家风建设，发表了一系列重要讲话，对于广泛动员社会各界参与家庭文明建设，使千千万万个家庭成为国家发展、民族进步、社会和谐的重要基石，把个人梦、家庭梦汇入国家梦、中华民族伟大复兴梦之中，有着重要意义。

问题 1：结合阅读材料，以家风家规家训为主题，自拟题目，撰写一篇 800 字左右的演讲稿。

《　　　　》演讲稿

____

____

____

____

____

____

____

____

____

____

____

____

____

____

____

____

____

____。

问题 2：以小组为单位，开展演讲诵读活动，并以视频或音频的形式记录小组同学的诵读情况，在班级内评选优秀诵读作品，在校园内进行宣传推广。

学习活动三：创建实用工具箱

监护纠纷主要涉及的是未成年人的监护纠纷，以及老年人的监护纠纷，当然也包括其他限制民事行为能力或无民事行为能力的成年人的监护纠纷。司法实践中，哪些是解决此类纠纷的必备实用工具呢?

请阅读以下法院判决书改编内容，完成“监护纠纷”专题的任务六和任务七。

判决书改编一：

孙某某，男，1937年8月4日出生，汉族，户籍地上海市静安区××××。孙某某的父亲于1980年6月7日报死亡，母亲于1990年2月2日死亡。孙某某的配偶于2006年12月25日报死亡。孙某某与孙某甲系父女关系，审理中孙某甲与孙某乙均表示孙某甲系孙某某弟弟过继给孙某某作为女儿。

2019年12月31日，孙某某经司法鉴定科学研究院鉴定患有器质性精神障碍，孙某某目前应评定为具有限制民事行为能力，该鉴定意见书载明委托日期为2019年11月11日，鉴定日期为2019年12月16日。2020年4月2日，本院作出（2020）沪0106民特110号民事判决书，宣告孙某某为限制民事行为能力人，指定孙某甲为孙某某的监护人。

孙某某现居住上海市静安区永兴路×××号×××室，同陶某某夫妇与陶某某母亲（孙某某姐姐）共同生活。

2019年12月6日，上海市普陀区公证处出具《公证书》，针对孙某某、孙某乙、陶某某于2019年12月4日申请办理《意定监护协议》公证，该协议约定孙某某委任孙某乙为意定监护人，委任陶某某为监护监督人。

审理过程中，人民法院走访××房屋所属居委会，工作人员表示孙某某与孙某甲系养父女关系，孙某甲在楼上与其儿子以及生母住在一起，孙某某一个人住在一楼。居委会不太清楚谁经常来看孙某某，当时孙某某姐姐因为住得近经常关照他，孙某某和陶某某搬走的时候应该不是很抗拒，陶某某及其母亲也经常给孙某某买菜。孙某乙和孙某某的关系，居委会不知道。孙某甲和孙某某没来居委会讲过家里的事情，动迁之前孙某甲讲过大家庭的家庭矛盾。孙某某在被鉴定为限制民事行为能力人之前，周围人都觉得他很正常，他只是腿有些毛病，但办事情是很正常的。

审理过程中，法院前后分三次征询过孙某某的意见。2020年5月25日，孙某某表示和孙某甲关系不好，孙某甲是孙某某的父母做主来给孙某某做女儿的，不同意孙某甲做监护人，同意孙某乙做监护人，相信孙某乙，关于房子拆迁后为何不和孙某甲一起居住，孙某某表示其为这个事情流过很多眼泪，孙某甲的亲生父母在新疆，是人家的孩子，和他自己不是很亲，平时不怎么照顾他；问及为何觉得孙某甲不好，孙某某回答不想把孙某甲讲得一无是处，总归就是两个人难以相处。2020年6月3日，孙某某表示孙某乙是其老大哥的女儿，一直对其很好，其现在退休工资卡和医保卡都是在老大哥那里，每个月钱的花销情况孙某乙都是有账的。问及2020年1月孙某某和陶某某搬走是否和孙某甲讲过，孙某某表示“干什么和她讲，我本身不相信她，她难得有一次照顾我”。问及是否愿意和孙某甲生活、让孙某甲照顾，孙某某表示不会的。2020年6月8日，法院径自前往孙某某居住地了解相关情况，孙某某身体尚可、衣着整洁，问及为何不让孙某甲做监护人，孙某某表示“就是不想让她做，这是自己决定，孙某甲平时照顾我也就那样，她要是好好照顾我，我们也不会变成今天这样”。法院告知孙某某，监护人就是管理你的钱与照顾你的生活，要想好监护人确认之后的后果。孙某某说：“我知道这些事，我放心孙某乙做我的监护人”，并表示自搬到永兴路房屋后孙某乙经常来看望。问及如果法官现在打电话给孙某甲叫她来是否愿意，孙某某回答：“她不来看我，我真的不想看见她。”告知其房屋动迁后的钱款一定要保护好，若有监护不力的情况可以申请变更监护人，孙某某回答：“我知道，我会自己管好钱的，感谢法院。”

本院认为，监护权对监护人来说，既是一项权利，更是一项义务，设立监护制度目的是更好地保护被监护人的人身、财产及其他合法权益。认定监护人的监护能力，应考虑监护人的身体健康状况、经济条件、与被监护人在生活上的联系状况等因素综合确定。2020年4月2日，本院经鉴定判决宣告孙某某为限制民事行为能力人并指定孙某甲为孙某某的监护人，后孙某乙于2020年5月11日以孙某甲未尽赡养义务与孙某某曾确认孙某乙做监护人为由要求变更监护人。对此本院认为，根据户籍登记信息显示孙某甲为孙某某女儿、孙某某侄女，故孙某甲担任监护人的顺序理应先于孙某乙。但是，本案中各方均确认中兴路房屋拆迁后自2020年1月6日，孙某某便搬离与陶某某一家同住至今，此后再未与孙某甲共同生活，且孙某某的钱款和证件等均处于孙某乙及其父亲的保存与管理中。此外，孙某某虽为限制民事行为能力人，但有一定的理解表达与认知能力，其二次庭审与一次居住地调查中均一致表示不愿意让孙某甲担任监护人、同意孙某乙担任监护人，且态度始终十分坚决，甚至表示不愿意和孙某甲生活与让孙某甲照顾，考虑被监护人孙某某目前的实际状况，孙某甲确实在客观上无法再继续履行监护职责，且亦未将监护责任部分或全部委托给他人。因此，从有利于被监护人孙某某的角度出发，本院对孙某乙要求变更监护人的申请予以支持。希望孙某乙能从维护被监护人利益的角度出发，依法行使监护的权利，认真履行监护职责，切实保护孙某某的人身、财产及其他合法权益，除为维护孙某某的利益外，不得擅自处理孙某某的财产。若孙某乙存在侵害被监护人利益的情况，孙某甲等其他愿意担任孙某某监护人的个人或组织亦可申请法院变更监护人。

依照《中华人民共和国民法总则》第三十五条、第三十六条、《中华人民共和国民事诉讼法》第一百七十八条之规定，判决如下：

孙某某的监护人变更为孙某乙。

判决书改编二：

原告张某某系被监护人王甲之继母，被告沈某某系王甲之生母。1998年沈某某与案外人王乙登记结婚，2004年3月19日生育王甲。2008年6月10日，沈某某与王乙经北京市朝阳区人民法院（2008）朝民初字第×××号民事调解书调解离婚，确认婚生女王甲由王乙抚养。2016年2月，沈某某与案外人再婚并育有一女。2018年8月23日，张某某与王乙登记结婚，婚后未生育共同子女。同年12月11日，王乙去世。王甲一直与张某某共同生活。张某某诉称虽然其与王乙于2018年登记结婚，但自2010年起其与王甲、王乙共同生活，原告无其他子女，视王甲为己出，付出了很多精力和爱心，但在沈某某得知王乙去世后，欲带走王甲。张某某认为其具有抚养王甲的经济条件，北京优质的教育资源更利于王甲成长，且王甲适应了与其稳定的生活，愿意继续与其一起生活，故诉至法院，请求法院判决被监护人王甲由原告监护。

人民法院审理认为，张某某与王甲形成稳定的抚养关系。关于张某某与沈某某谁更合适作为王甲的监护人。第一，张某某与王甲共同生活多年，相知相熟相亲，其具备继续抚养王甲的身体条件及经济条件；第二，张某某与王甲共同生活期间，王甲身体健康，学习成绩优异，这离不开张某某的精心照料和用心付出；第三，通过庭审陈述可知，张某某与王甲之间虽无血缘关系，但通过日常生活点滴已建立深厚的母子感情，且在王乙去世后，双方均表达出想要继续共同生活的意愿，由张某某担任王甲的监护人，系王甲情之所至和心之所向；第四，沈某某虽为王甲的生母，但自王甲4周岁起便不与王甲共同生活，且沈某某已经再婚并又孕育子女，突然改变家庭结构和家庭环境不利于王甲的健康成长。综上，张某某虽为继母，但更适宜担任王甲的监护人。

任务六：结合案例，请列举解决监护纠纷的法律依据。

____

____。

任务七：根据案例，归纳总结衡量“最有利于被监护人”的事实及证据。

	事实	证据
事实依据	1. 监护人的监护能力	1. 1__________ __________ 1. 2__________ __________ 1. 3__________ __________
	2. 被监护人的真实意愿	2. 1__________ __________ 2. 2__________ __________
	3. 生活环境和家庭结构关系	3. 1__________ __________ 3. 2__________ __________
	4. 其他	4. 1__________ __________ 4. 2__________ __________

学习活动四：应用拓展

任务八：按照要求，可从新闻媒体、身边真人真事、法院裁判等途径查找、收集和整理生活中有关监护的案例或事例（不少于3份），请回答以下问题。

问题1：查找收集与监护有关的案例或事例，按照要求整理笔记。

有关监护的案例或事例1

案例或事例来源：______________________________

当事人：______________________________

事实经过：______________________________

____

____

争议焦点或存在的问题：______________________________

____

____

有关监护的案例或事例2

案例或事例来源：______________________________

当事人：______________________________

事实经过：______________________________

____

____

争议焦点或存在的问题：______________________________

____

____

有关监护的案例或事例3

案例或事例来源：______________________________

当事人：______________________________

事实经过：______________________________

____

____

争议焦点或存在的问题：______________________________

____

____

问题2：请分析以上3个案例或事例中的有关监护的现实问题或争议焦点，并给出相应的解决建议。

有关监护的案例或事例1

分析的基本结论：________________________________

原因解析：（1）事实理由________________________________

（2）法律依据________________________________

解决建议：________________________________

有关监护的案例或事例2

分析的基本结论：________________________________

原因解析：（1）事实理由________________________________

（2）法律依据________________________________

解决建议：________________________________

有关监护的案例或事例3

分析的基本结论：________________________________

原因解析：（1）事实理由________________________________

（2）法律依据________________________________

解决建议：________________________________

附录

婚姻家庭继承实用法律规定

中华人民共和国民法典（节录）

（2020 年 5 月 28 日第十三届全国人民代表大会第三次会议通过）

第五编　婚姻家庭

第一章　一般规定

第一千零四十条　本编调整因婚姻家庭产生的民事关系。

第一千零四十一条　婚姻家庭受国家保护。

实行婚姻自由、一夫一妻、男女平等的婚姻制度。

保护妇女、未成年人、老年人、残疾人的合法权益。

第一千零四十二条　禁止包办、买卖婚姻和其他干涉婚姻自由的行为。禁止借婚姻索取财物。

禁止重婚。禁止有配偶者与他人同居。

禁止家庭暴力。禁止家庭成员间的虐待和遗弃。

第一千零四十三条　家庭应当树立优良家风，弘扬家庭美德，重视家庭文明建设。

夫妻应当互相忠实，互相尊重，互相关爱；家庭成员应当敬老爱幼，互相帮助，维护平等、和睦、文明的婚姻家庭关系。

第一千零四十四条　收养应当遵循最有利于被收养人的原则，保障被收养人和收养人的合法权益。

禁止借收养名义买卖未成年人。

第一千零四十五条 亲属包括配偶、血亲和姻亲。

配偶、父母、子女、兄弟姐妹、祖父母、外祖父母、孙子女、外孙子女为近亲属。

配偶、父母、子女和其他共同生活的近亲属为家庭成员。

第二章 结 婚

第一千零四十六条 结婚应当男女双方完全自愿，禁止任何一方对另一方加以强迫，禁止任何组织或者个人加以干涉。

第一千零四十七条 结婚年龄，男不得早于二十二周岁，女不得早于二十周岁。

第一千零四十八条 直系血亲或者三代以内的旁系血亲禁止结婚。

第一千零四十九条 要求结婚的男女双方应当亲自到婚姻登记机关申请结婚登记。符合本法规定的，予以登记，发给结婚证。完成结婚登记，即确立婚姻关系。未办理结婚登记的，应当补办登记。

第一千零五十条 登记结婚后，按照男女双方约定，女方可以成为男方家庭的成员，男方可以成为女方家庭的成员。

第一千零五十一条 有下列情形之一的，婚姻无效：

（一）重婚；

（二）有禁止结婚的亲属关系；

（三）未到法定婚龄。

第一千零五十二条 因胁迫结婚的，受胁迫的一方可以向人民法院请求撤销婚姻。

请求撤销婚姻的，应当自胁迫行为终止之日起一年内提出。

被非法限制人身自由的当事人请求撤销婚姻的，应当自恢复人身自由之日起一年内提出。

第一千零五十三条 一方患有重大疾病的，应当在结婚登记前如实告知另一方；不如实告知的，另一方可以向人民法院请求撤销婚姻。

请求撤销婚姻的，应当自知道或者应当知道撤销事由之日起一年内提出。

第一千零五十四条 无效的或者被撤销的婚姻自始没有法律约束力，当事人不具有夫妻的权利和义务。同居期间所得的财产，由当事人协议处理；协议不成的，由人民法院根据照顾无过错方的原则判决。对重婚导致的无效婚姻的财产处理，不得侵害合法婚姻当事人的财产权益。当事人所生的子女，适用本法关于父母子女的规定。

婚姻无效或者被撤销的，无过错方有权请求损害赔偿。

第三章　家庭关系

第一节　夫妻关系

第一千零五十五条　夫妻在婚姻家庭中地位平等。

第一千零五十六条　夫妻双方都有各自使用自己姓名的权利。

第一千零五十七条　夫妻双方都有参加生产、工作、学习和社会活动的自由，一方不得对另一方加以限制或者干涉。

第一千零五十八条　夫妻双方平等享有对未成年子女抚养、教育和保护的权利，共同承担对未成年子女抚养、教育和保护的义务。

第一千零五十九条　夫妻有相互扶养的义务。

需要扶养的一方，在另一方不履行扶养义务时，有要求其给付扶养费的权利。

第一千零六十条　夫妻一方因家庭日常生活需要而实施的民事法律行为，对夫妻双方发生效力，但是夫妻一方与相对人另有约定的除外。

夫妻之间对一方可以实施的民事法律行为范围的限制，不得对抗善意相对人。

第一千零六十一条　夫妻有相互继承遗产的权利。

第一千零六十二条　夫妻在婚姻关系存续期间所得的下列财产，为夫妻的共同财产，归夫妻共同所有：

（一）工资、奖金、劳务报酬；

（二）生产、经营、投资的收益；

（三）知识产权的收益；

（四）继承或者受赠的财产，但是本法第一千零六十三条第三项规定的除外；

（五）其他应当归共同所有的财产。

夫妻对共同财产，有平等的处理权。

第一千零六十三条　下列财产为夫妻一方的个人财产：

（一）一方的婚前财产；

（二）一方因受到人身损害获得的赔偿或者补偿；

（三）遗嘱或者赠与合同中确定只归一方的财产；

（四）一方专用的生活用品；

（五）其他应当归一方的财产。

第一千零六十四条 夫妻双方共同签名或者夫妻一方事后追认等共同意思表示所负的债务，以及夫妻一方在婚姻关系存续期间以个人名义为家庭日常生活需要所负的债务，属于夫妻共同债务。

夫妻一方在婚姻关系存续期间以个人名义超出家庭日常生活需要所负的债务，不属于夫妻共同债务；但是，债权人能够证明该债务用于夫妻共同生活、共同生产经营或者基于夫妻双方共同意思表示的除外。

第一千零六十五条 男女双方可以约定婚姻关系存续期间所得的财产以及婚前财产归各自所有、共同所有或者部分各自所有、部分共同所有。约定应当采用书面形式。没有约定或者约定不明确的，适用本法第一千零六十二条、第一千零六十三条的规定。

夫妻对婚姻关系存续期间所得的财产以及婚前财产的约定，对双方具有法律约束力。

夫妻对婚姻关系存续期间所得的财产约定归各自所有，夫或者妻一方对外所负的债务，相对人知道该约定的，以夫或者妻一方的个人财产清偿。

第一千零六十六条 婚姻关系存续期间，有下列情形之一的，夫妻一方可以向人民法院请求分割共同财产：

（一）一方有隐藏、转移、变卖、毁损、挥霍夫妻共同财产或者伪造夫妻共同债务等严重损害夫妻共同财产利益的行为；

（二）一方负有法定扶养义务的人患重大疾病需要医治，另一方不同意支付相关医疗费用。

第二节 父母子女关系和其他近亲属关系

第一千零六十七条 父母不履行抚养义务的，未成年子女或者不能独立生活的成年子女，有要求父母给付抚养费的权利。

成年子女不履行赡养义务的，缺乏劳动能力或者生活困难的父母，有要求成年子女给付赡养费的权利。

第一千零六十八条 父母有教育、保护未成年子女的权利和义务。未成年子女造成他人损害的，父母应当依法承担民事责任。

第一千零六十九条 子女应当尊重父母的婚姻权利，不得干涉父母离婚、再婚以及婚后的生活。子女对父母的赡养义务，不因父母的婚姻关系变化而终止。

第一千零七十条 父母和子女有相互继承遗产的权利。

第一千零七十一条 非婚生子女享有与婚生子女同等的权利，任何组织或者个人不得加以危害和歧视。

不直接抚养非婚生子女的生父或者生母，应当负担未成年子女或者不能独立生活的成年子女的抚养费。

第一千零七十二条 继父母与继子女间，不得虐待或者歧视。

继父或者继母和受其抚养教育的继子女间的权利义务关系，适用本法关于父母子女关系的规定。

第一千零七十三条 对亲子关系有异议且有正当理由的，父或者母可以向人民法院提起诉讼，请求确认或者否认亲子关系。

对亲子关系有异议且有正当理由的，成年子女可以向人民法院提起诉讼，请求确认亲子关系。

第一千零七十四条 有负担能力的祖父母、外祖父母，对于父母已经死亡或者父母无力抚养的未成年孙子女、外孙子女，有抚养的义务。

有负担能力的孙子女、外孙子女，对于子女已经死亡或者子女无力赡养的祖父母、外祖父母，有赡养的义务。

第一千零七十五条 有负担能力的兄、姐，对于父母已经死亡或者父母无力抚养的未成年弟、妹，有扶养的义务。

由兄、姐扶养长大的有负担能力的弟、妹，对于缺乏劳动能力又缺乏生活来源的兄、姐，有扶养的义务。

第四章 离　　婚

第一千零七十六条 夫妻双方自愿离婚的，应当签订书面离婚协议，并亲自到婚姻登记机关申请离婚登记。

离婚协议应当载明双方自愿离婚的意思表示和对子女抚养、财产以及债务处理等事项协商一致的意见。

第一千零七十七条 自婚姻登记机关收到离婚登记申请之日起三十日内，任何一方不愿意离婚的，可以向婚姻登记机关撤回离婚登记申请。

前款规定期限届满后三十日内，双方应当亲自到婚姻登记机关申请发给离婚证；未申请的，视为撤回离婚登记申请。

第一千零七十八条 婚姻登记机关查明双方确实是自愿离婚，并已经对子女抚养、财产以及债务处理等事项协商一致的，予以登记，发给离婚证。

第一千零七十九条 夫妻一方要求离婚的，可以由有关组织进行调解或者直接向人民法院提起离婚诉讼。

人民法院审理离婚案件，应当进行调解；如果感情确已破裂，调解无效的，应当准予离婚。

有下列情形之一，调解无效的，应当准予离婚：

（一）重婚或者与他人同居；

（二）实施家庭暴力或者虐待、遗弃家庭成员；

（三）有赌博、吸毒等恶习屡教不改；

（四）因感情不和分居满二年；

（五）其他导致夫妻感情破裂的情形。

一方被宣告失踪，另一方提起离婚诉讼的，应当准予离婚。

经人民法院判决不准离婚后，双方又分居满一年，一方再次提起离婚诉讼的，应当准予离婚。

第一千零八十条 完成离婚登记，或者离婚判决书、调解书生效，即解除婚姻关系。

第一千零八十一条 现役军人的配偶要求离婚，应当征得军人同意，但是军人一方有重大过错的除外。

第一千零八十二条 女方在怀孕期间、分娩后一年内或者终止妊娠后六个月内，男方不得提出离婚；但是，女方提出离婚或者人民法院认为确有必要受理男方离婚请求的除外。

第一千零八十三条 离婚后，男女双方自愿恢复婚姻关系的，应当到婚姻登记机关重新进行结婚登记。

第一千零八十四条 父母与子女间的关系，不因父母离婚而消除。离婚后，子女无论由父或者母直接抚养，仍是父母双方的子女。

离婚后，父母对于子女仍有抚养、教育、保护的权利和义务。

离婚后，不满两周岁的子女，以由母亲直接抚养为原则。已满两周岁的子女，父母双方对抚养问题协议不成的，由人民法院根据双方的具体情况，按照最有利于未成年子女的原则判决。子女已满八周岁的，应当尊重其真实意愿。

第一千零八十五条 离婚后，子女由一方直接抚养的，另一方应当负担部分或者全部抚养费。负担费用的多少和期限的长短，由双方协议；协议不成的，由人民法院判决。

前款规定的协议或者判决，不妨碍子女在必要时向父母任何一方提出超过协议或者判决原定数额的合理要求。

第一千零八十六条 离婚后，不直接抚养子女的父或者母，有探望子女的权利，另一方有协助的义务。

行使探望权利的方式、时间由当事人协议；协议不成的，由人民法院判决。

父或者母探望子女，不利于子女身心健康的，由人民法院依法中止探望；中止的事由消失后，应当恢复探望。

第一千零八十七条 离婚时，夫妻的共同财产由双方协议处理；协议不成的，由人民法院根据财产的具体情况，按照照顾子女、女方和无过错方权益的原则判决。

对夫或者妻在家庭土地承包经营中享有的权益等，应当依法予以保护。

第一千零八十八条 夫妻一方因抚育子女、照料老年人、协助另一方工作等负担较多义务的，离婚时有权向另一方请求补偿，另一方应当给予补偿。具体办法由双方协议；协议不成的，由人民法院判决。

第一千零八十九条 离婚时，夫妻共同债务应当共同偿还。共同财产不足清偿或者财产归各自所有的，由双方协议清偿；协议不成的，由人民法院判决。

第一千零九十条 离婚时，如果一方生活困难，有负担能力的另一方应当给予适当帮助。具体办法由双方协议；协议不成的，由人民法院判决。

第一千零九十一条 有下列情形之一，导致离婚的，无过错方有权请求损害赔偿：

（一）重婚；

（二）与他人同居；

（三）实施家庭暴力；

（四）虐待、遗弃家庭成员；

（五）有其他重大过错。

第一千零九十二条 夫妻一方隐藏、转移、变卖、毁损、挥霍夫妻共同财产，或者伪造夫妻共同债务企图侵占另一方财产的，在离婚分割夫妻共同财产时，对该方可以少分或者不分。离婚后，另一方发现有上述行为的，可以向人民法院提起诉讼，请求再次分割夫妻共同财产。

第五章　收　　养

第一节　收养关系的成立

第一千零九十三条 下列未成年人，可以被收养：

（一）丧失父母的孤儿；

（二）查找不到生父母的未成年人；

（三）生父母有特殊困难无力抚养的子女。

第一千零九十四条 下列个人、组织可以作送养人：

（一）孤儿的监护人；

（二）儿童福利机构；

（三）有特殊困难无力抚养子女的生父母。

第一千零九十五条 未成年人的父母均不具备完全民事行为能力且可能严重危害该未成年人的，该未成年人的监护人可以将其送养。

第一千零九十六条 监护人送养孤儿的，应当征得有抚养义务的人同意。有抚养义务的人不同意送养、监护人不愿意继续履行监护职责的，应当依照本法第一编的规定另行确定监护人。

第一千零九十七条 生父母送养子女，应当双方共同送养。生父母一方不明或者查找不到的，可以单方送养。

第一千零九十八条 收养人应当同时具备下列条件：

（一）无子女或者只有一名子女；

（二）有抚养、教育和保护被收养人的能力；

（三）未患有在医学上认为不应当收养子女的疾病；

（四）无不利于被收养人健康成长的违法犯罪记录；

（五）年满三十周岁。

第一千零九十九条 收养三代以内旁系同辈血亲的子女，可以不受本法第一千零九十三条第三项、第一千零九十四条第三项和第一千一百零二条规定的限制。

华侨收养三代以内旁系同辈血亲的子女，还可以不受本法第一千零九十八条第一项规定的限制。

第一千一百条 无子女的收养人可以收养两名子女；有子女的收养人只能收养一名子女。

收养孤儿、残疾未成年人或者儿童福利机构抚养的查找不到生父母的未成年人，可以不受前款和本法第一千零九十八条第一项规定的限制。

第一千一百零一条 有配偶者收养子女，应当夫妻共同收养。

第一千一百零二条 无配偶者收养异性子女的，收养人与被收养人的年龄应当相差四十周岁以上。

第一千一百零三条 继父或者继母经继子女的生父母同意，可以收养继子女，并可以不受本法第一千零九十三条第三项、第一千零九十四条第三项、第一千零九十八条和第一千一百条第一款规定的限制。

第一千一百零四条 收养人收养与送养人送养，应当双方自愿。收养八周岁以上未成年人的，应当征得被收养人的同意。

第一千一百零五条 收养应当向县级以上人民政府民政部门登记。收养关系自登记之日起成立。

收养查找不到生父母的未成年人的，办理登记的民政部门应当在登记前予以公告。

收养关系当事人愿意签订收养协议的，可以签订收养协议。

收养关系当事人各方或者一方要求办理收养公证的，应当办理收养公证。

县级以上人民政府民政部门应当依法进行收养评估。

第一千一百零六条 收养关系成立后，公安机关应当按照国家有关规定为被收养人办理户口登记。

第一千一百零七条 孤儿或者生父母无力抚养的子女，可以由生父母的亲属、朋友抚养；抚养人与被抚养人的关系不适用本章规定。

第一千一百零八条 配偶一方死亡，另一方送养未成年子女的，死亡一方的父母有优先抚养的权利。

第一千一百零九条 外国人依法可以在中华人民共和国收养子女。

外国人在中华人民共和国收养子女，应当经其所在国主管机关依照该国法律审查同意。收养人应当提供由其所在国有权机构出具的有关其年龄、婚姻、职业、财产、健康、有无受过刑事处罚等状况的证明材料，并与送养人签订书面协议，亲自向省、自治区、直辖市人民政府民政部门登记。

前款规定的证明材料应当经收养人所在国外交机关或者外交机关授权的机构认证，并经中华人民共和国驻该国使领馆认证，但是国家另有规定的除外。

第一千一百一十条 收养人、送养人要求保守收养秘密的，其他人应当尊重其意愿，不得泄露。

第二节 收养的效力

第一千一百一十一条 自收养关系成立之日起，养父母与养子女间的权利义务关系，适用本法关于父母子女关系的规定；养子女与养父母的近亲属间的权利义务关系，适用本法关于子女与父母的近亲属关系的规定。

养子女与生父母以及其他近亲属间的权利义务关系，因收养关系的成立而消除。

第一千一百一十二条 养子女可以随养父或者养母的姓氏，经当事人协商一致，也可以保留原姓氏。

第一千一百一十三条 有本法第一编关于民事法律行为无效规定情形或者违反本编规定的收养行为无效。

无效的收养行为自始没有法律约束力。

第三节 收养关系的解除

第一千一百一十四条 收养人在被收养人成年以前，不得解除收养关系，但是收养人、送养人双方协议解除的除外。养子女八周岁以上的，应当征得本人同意。

收养人不履行抚养义务，有虐待、遗弃等侵害未成年养子女合法权益行为的，送养人有权要求解除养父母与养子女间的收养关系。送养人、收养人不能达成解除收养关系协议的，可以向人民法院提起诉讼。

第一千一百一十五条 养父母与成年养子女关系恶化、无法共同生活的，可以协议解除收养关系。不能达成协议的，可以向人民法院提起诉讼。

第一千一百一十六条 当事人协议解除收养关系的，应当到民政部门办理解除收养关系登记。

第一千一百一十七条 收养关系解除后，养子女与养父母以及其他近亲属间的权利义务关系即行消除，与生父母以及其他近亲属间的权利义务关系自行恢复。但是，成年养子女与生父母以及其他近亲属间的权利义务关系是否恢复，可以协商确定。

第一千一百一十八条 收养关系解除后，经养父母抚养的成年养子女，对缺乏劳动能力又缺乏生活来源的养父母，应当给付生活费。因养子女成年后虐待、遗弃养父母而解除收养关系的，养父母可以要求养子女补偿收养期间支出的抚养费。

生父母要求解除收养关系的，养父母可以要求生父母适当补偿收养期间支出的抚养费；但是，因养父母虐待、遗弃养子女而解除收养关系的除外。

第六编 继　　承

第一章 一般规定

第一千一百一十九条 本编调整因继承产生的民事关系。

第一千一百二十条 国家保护自然人的继承权。

第一千一百二十一条 继承从被继承人死亡时开始。

相互有继承关系的数人在同一事件中死亡，难以确定死亡时间的，推定没有其他继承人的人先死亡。都有其他继承人，辈份不同的，推定长辈先死亡；辈份相同的，推定同时死亡，相互不发生继承。

第一千一百二十二条 遗产是自然人死亡时遗留的个人合法财产。

依照法律规定或者根据其性质不得继承的遗产，不得继承。

第一千一百二十三条 继承开始后，按照法定继承办理；有遗嘱的，按照遗嘱继承或者遗赠办理；有遗赠扶养协议的，按照协议办理。

第一千一百二十四条 继承开始后，继承人放弃继承的，应当在遗产处理前，以书面形式作出放弃继承的表示；没有表示的，视为接受继承。

受遗赠人应当在知道受遗赠后六十日内，作出接受或者放弃受遗赠的表示；到期没有表示的，视为放弃受遗赠。

第一千一百二十五条 继承人有下列行为之一的，丧失继承权：

（一）故意杀害被继承人；

（二）为争夺遗产而杀害其他继承人；

（三）遗弃被继承人，或者虐待被继承人情节严重；

（四）伪造、篡改、隐匿或者销毁遗嘱，情节严重；

（五）以欺诈、胁迫手段迫使或者妨碍被继承人设立、变更或者撤回遗嘱，情节严重。

继承人有前款第三项至第五项行为，确有悔改表现，被继承人表示宽恕或者事后在遗嘱中将其列为继承人的，该继承人不丧失继承权。

受遗赠人有本条第一款规定行为的，丧失受遗赠权。

第二章　法定继承

第一千一百二十六条　继承权男女平等。

第一千一百二十七条　遗产按照下列顺序继承：

（一）第一顺序：配偶、子女、父母；

（二）第二顺序：兄弟姐妹、祖父母、外祖父母。

继承开始后，由第一顺序继承人继承，第二顺序继承人不继承；没有第一顺序继承人继承的，由第二顺序继承人继承。

本编所称子女，包括婚生子女、非婚生子女、养子女和有扶养关系的继子女。

本编所称父母，包括生父母、养父母和有扶养关系的继父母。

本编所称兄弟姐妹，包括同父母的兄弟姐妹、同父异母或者同母异父的兄弟姐妹、养兄弟姐妹、有扶养关系的继兄弟姐妹。

第一千一百二十八条　被继承人的子女先于被继承人死亡的，由被继承人的子女的直系晚辈血亲代位继承。

被继承人的兄弟姐妹先于被继承人死亡的，由被继承人的兄弟姐妹的子女代位继承。

代位继承人一般只能继承被代位继承人有权继承的遗产份额。

第一千一百二十九条　丧偶儿媳对公婆，丧偶女婿对岳父母，尽了主要赡养义务的，作为第一顺序继承人。

第一千一百三十条　同一顺序继承人继承遗产的份额，一般应当均等。

对生活有特殊困难又缺乏劳动能力的继承人，分配遗产时，应当予以照顾。

对被继承人尽了主要扶养义务或者与被继承人共同生活的继承人，分配遗产时，可以多分。

有扶养能力和有扶养条件的继承人，不尽扶养义务的，分配遗产时，应当不分或者少分。

继承人协商同意的，也可以不均等。

第一千一百三十一条 对继承人以外的依靠被继承人扶养的人，或者继承人以外的对被继承人扶养较多的人，可以分给适当的遗产。

第一千一百三十二条 继承人应当本着互谅互让、和睦团结的精神，协商处理继承问题。遗产分割的时间、办法和份额，由继承人协商确定；协商不成的，可以由人民调解委员会调解或者向人民法院提起诉讼。

第三章 遗嘱继承和遗赠

第一千一百三十三条 自然人可以依照本法规定立遗嘱处分个人财产，并可以指定遗嘱执行人。

自然人可以立遗嘱将个人财产指定由法定继承人中的一人或者数人继承。

自然人可以立遗嘱将个人财产赠与国家、集体或者法定继承人以外的组织、个人。

自然人可以依法设立遗嘱信托。

第一千一百三十四条 自书遗嘱由遗嘱人亲笔书写，签名，注明年、月、日。

第一千一百三十五条 代书遗嘱应当有两个以上见证人在场见证，由其中一人代书，并由遗嘱人、代书人和其他见证人签名，注明年、月、日。

第一千一百三十六条 打印遗嘱应当有两个以上见证人在场见证。遗嘱人和见证人应当在遗嘱每一页签名，注明年、月、日。

第一千一百三十七条 以录音录像形式立的遗嘱，应当有两个以上见证人在场见证。遗嘱人和见证人应当在录音录像中记录其姓名或者肖像，以及年、月、日。

第一千一百三十八条 遗嘱人在危急情况下，可以立口头遗嘱。口头遗嘱应当有两个以上见证人在场见证。危急情况消除后，遗嘱人能够以书面或者录音录像形式立遗嘱的，所立的口头遗嘱无效。

第一千一百三十九条 公证遗嘱由遗嘱人经公证机构办理。

第一千一百四十条 下列人员不能作为遗嘱见证人：

（一）无民事行为能力人、限制民事行为能力人以及其他不具有见证能力的人；

（二）继承人、受遗赠人；

（三）与继承人、受遗赠人有利害关系的人。

第一千一百四十一条 遗嘱应当为缺乏劳动能力又没有生活来源的继承人保留必要的遗产份额。

第一千一百四十二条 遗嘱人可以撤回、变更自己所立的遗嘱。

立遗嘱后，遗嘱人实施与遗嘱内容相反的民事法律行为的，视为对遗嘱相关内容的撤回。

立有数份遗嘱，内容相抵触的，以最后的遗嘱为准。

第一千一百四十三条 无民事行为能力人或者限制民事行为能力人所立的遗嘱无效。

遗嘱必须表示遗嘱人的真实意思，受欺诈、胁迫所立的遗嘱无效。

伪造的遗嘱无效。

遗嘱被篡改的，篡改的内容无效。

第一千一百四十四条 遗嘱继承或者遗赠附有义务的，继承人或者受遗赠人应当履行义务。没有正当理由不履行义务的，经利害关系人或者有关组织请求，人民法院可以取消其接受附义务部分遗产的权利。

第四章 遗产的处理

第一千一百四十五条 继承开始后，遗嘱执行人为遗产管理人；没有遗嘱执行人的，继承人应当及时推选遗产管理人；继承人未推选的，由继承人共同担任遗产管理人；没有继承人或者继承人均放弃继承的，由被继承人生前住所地的民政部门或者村民委员会担任遗产管理人。

第一千一百四十六条 对遗产管理人的确定有争议的，利害关系人可以向人民法院申请指定遗产管理人。

第一千一百四十七条 遗产管理人应当履行下列职责：

（一）清理遗产并制作遗产清单；

（二）向继承人报告遗产情况；

（三）采取必要措施防止遗产毁损、灭失；

（四）处理被继承人的债权债务；

（五）按照遗嘱或者依照法律规定分割遗产；

（六）实施与管理遗产有关的其他必要行为。

第一千一百四十八条 遗产管理人应当依法履行职责，因故意或者重大过失造成继承人、受遗赠人、债权人损害的，应当承担民事责任。

第一千一百四十九条 遗产管理人可以依照法律规定或者按照约定获得报酬。

第一千一百五十条 继承开始后，知道被继承人死亡的继承人应当及时通知其他继承人和遗嘱执行人。继承人中无人知道被继承人死亡或者知道被继承人死亡而不能通知的，由被继承人生前所在单位或者住所地的居民委员会、村民委员会负责通知。

第一千一百五十一条 存有遗产的人，应当妥善保管遗产，任何组织或者个人不得侵吞或者争抢。

第一千一百五十二条 继承开始后，继承人于遗产分割前死亡，并没有放弃继承的，该继承人应当继承的遗产转给其继承人，但是遗嘱另有安排的除外。

第一千一百五十三条 夫妻共同所有的财产，除有约定的外，遗产分割时，应当先将共同所有的财产的一半分出为配偶所有，其余的为被继承人的遗产。

遗产在家庭共有财产之中的，遗产分割时，应当先分出他人的财产。

第一千一百五十四条 有下列情形之一的，遗产中的有关部分按照法定继承办理：

（一）遗嘱继承人放弃继承或者受遗赠人放弃受遗赠；

（二）遗嘱继承人丧失继承权或者受遗赠人丧失受遗赠权；

（三）遗嘱继承人、受遗赠人先于遗嘱人死亡或者终止；

（四）遗嘱无效部分所涉及的遗产；

（五）遗嘱未处分的遗产。

第一千一百五十五条 遗产分割时，应当保留胎儿的继承份额。胎儿娩出时是死体的，保留的份额按照法定继承办理。

第一千一百五十六条 遗产分割应当有利于生产和生活需要，不损害遗产的效用。

不宜分割的遗产，可以采取折价、适当补偿或者共有等方法处理。

第一千一百五十七条 夫妻一方死亡后另一方再婚的，有权处分所继承的财产，任何组织或者个人不得干涉。

第一千一百五十八条 自然人可以与继承人以外的组织或者个人签订遗赠扶养协议。按照协议，该组织或者个人承担该自然人生养死葬的义务，享有受遗赠的权利。

第一千一百五十九条　分割遗产，应当清偿被继承人依法应当缴纳的税款和债务；但是，应当为缺乏劳动能力又没有生活来源的继承人保留必要的遗产。

第一千一百六十条　无人继承又无人受遗赠的遗产，归国家所有，用于公益事业；死者生前是集体所有制组织成员的，归所在集体所有制组织所有。

第一千一百六十一条　继承人以所得遗产实际价值为限清偿被继承人依法应当缴纳的税款和债务。超过遗产实际价值部分，继承人自愿偿还的不在此限。

继承人放弃继承的，对被继承人依法应当缴纳的税款和债务可以不负清偿责任。

第一千一百六十二条　执行遗赠不得妨碍清偿遗赠人依法应当缴纳的税款和债务。

第一千一百六十三条　既有法定继承又有遗嘱继承、遗赠的，由法定继承人清偿被继承人依法应当缴纳的税款和债务；超过法定继承遗产实际价值部分，由遗嘱继承人和受遗赠人按比例以所得遗产清偿。

最高人民法院关于适用《中华人民共和国民法典》婚姻家庭编的解释（一）

（2020年12月25日由最高人民法院审判委员会第1825次会议通过　法释〔2020〕22号）

为正确审理婚姻家庭纠纷案件，根据《中华人民共和国民法典》《中华人民共和国民事诉讼法》等相关法律规定，结合审判实践，制定本解释。

一、一般规定

第一条　持续性、经常性的家庭暴力，可以认定为民法典第一千零四十二条、第一千零七十九条、第一千零九十一条所称的虐待。

第二条　民法典第一千零四十二条、第一千零七十九条、第一千零九十一条规定的与他人同居的情形，是指有配偶者与婚外异性，不以夫妻名义，持续、稳定地共同居住。

第三条　当事人提起诉讼仅请求解除同居关系的，人民法院不予受理；已经受理的，裁定驳回起诉。

当事人因同居期间财产分割或者子女抚养纠纷提起诉讼的，人民法院应当受理。

第四条　当事人仅以民法典第一千零四十三条为依据提起诉讼的，人民法院不予受理；已经受理的，裁定驳回起诉。

第五条　当事人请求返还按照习俗给付的彩礼的，如果查明属于以下情形，人民法院应当予以支持：

（一）双方未办理结婚登记手续；

（二）双方办理结婚登记手续但确未共同生活；

（三）婚前给付并导致给付人生活困难。

适用前款第二项、第三项的规定，应当以双方离婚为条件。

二、结　　婚

第六条　男女双方依据民法典第一千零四十九条规定补办结婚登记

的，婚姻关系的效力从双方均符合民法典所规定的结婚的实质要件时起算。

第七条 未依据民法典第一千零四十九条规定办理结婚登记而以夫妻名义共同生活的男女，提起诉讼要求离婚的，应当区别对待：

（一）1994年2月1日民政部《婚姻登记管理条例》公布实施以前，男女双方已经符合结婚实质要件的，按事实婚姻处理。

（二）1994年2月1日民政部《婚姻登记管理条例》公布实施以后，男女双方符合结婚实质要件的，人民法院应当告知其补办结婚登记。未补办结婚登记的，依据本解释第三条规定处理。

第八条 未依据民法典第一千零四十九条规定办理结婚登记而以夫妻名义共同生活的男女，一方死亡，另一方以配偶身份主张享有继承权的，依据本解释第七条的原则处理。

第九条 有权依据民法典第一千零五十一条规定向人民法院就已办理结婚登记的婚姻请求确认婚姻无效的主体，包括婚姻当事人及利害关系人。其中，利害关系人包括：

（一）以重婚为由的，为当事人的近亲属及基层组织；

（二）以未到法定婚龄为由的，为未到法定婚龄者的近亲属；

（三）以有禁止结婚的亲属关系为由的，为当事人的近亲属。

第十条 当事人依据民法典第一千零五十一条规定向人民法院请求确认婚姻无效，法定的无效婚姻情形在提起诉讼时已经消失的，人民法院不予支持。

第十一条 人民法院受理请求确认婚姻无效案件后，原告申请撤诉的，不予准许。

对婚姻效力的审理不适用调解，应当依法作出判决。

涉及财产分割和子女抚养的，可以调解。调解达成协议的，另行制作调解书；未达成调解协议的，应当一并作出判决。

第十二条 人民法院受理离婚案件后，经审理确属无效婚姻的，应当将婚姻无效的情形告知当事人，并依法作出确认婚姻无效的判决。

第十三条 人民法院就同一婚姻关系分别受理了离婚和请求确认婚姻无效案件的，对于离婚案件的审理，应当待请求确认婚姻无效案件作出判决后进行。

第十四条 夫妻一方或者双方死亡后，生存一方或者利害关系人依据民法典第一千零五十一条的规定请求确认婚姻无效的，人民法院应当受理。

第十五条 利害关系人依据民法典第一千零五十一条的规定，请求人民法院确认婚姻无效的，利害关系人为原告，婚姻关系当事人双方为被告。

夫妻一方死亡的，生存一方为被告。

第十六条 人民法院审理重婚导致的无效婚姻案件时，涉及财产处理的，应当准许合法婚姻当事人作为有独立请求权的第三人参加诉讼。

第十七条 当事人以民法典第一千零五十一条规定的三种无效婚姻以外的情形请求确认婚姻无效的，人民法院应当判决驳回当事人的诉讼请求。

当事人以结婚登记程序存在瑕疵为由提起民事诉讼，主张撤销结婚登记的，告知其可以依法申请行政复议或者提起行政诉讼。

第十八条 行为人以给另一方当事人或者其近亲属的生命、身体、健康、名誉、财产等方面造成损害为要挟，迫使另一方当事人违背真实意愿结婚的，可以认定为民法典第一千零五十二条所称的胁迫。

因受胁迫而请求撤销婚姻的，只能是受胁迫一方的婚姻关系当事人本人。

第十九条 民法典第一千零五十二条规定的一年，不适用诉讼时效中止、中断或者延长的规定。

受胁迫或者被非法限制人身自由的当事人请求撤销婚姻的，不适用民法典第一百五十二条第二款的规定。

第二十条 民法典第一千零五十四条所规定的自始没有法律约束力，是指无效婚姻或者可撤销婚姻在依法被确认无效或者被撤销时，才确定该婚姻自始不受法律保护。

第二十一条 人民法院根据当事人的请求，依法确认婚姻无效或者撤销婚姻的，应当收缴双方的结婚证书并将生效的判决书寄送当地婚姻登记管理机关。

第二十二条 被确认无效或者被撤销的婚姻，当事人同居期间所得的财产，除有证据证明为当事人一方所有的以外，按共同共有处理。

三、夫妻关系

第二十三条 夫以妻擅自中止妊娠侵犯其生育权为由请求损害赔偿

的，人民法院不予支持；夫妻双方因是否生育发生纠纷，致使感情确已破裂，一方请求离婚的，人民法院经调解无效，应依照民法典第一千零七十九条第三款第五项的规定处理。

第二十四条 民法典第一千零六十二条第一款第三项规定的知识产权的收益，是指婚姻关系存续期间，实际取得或者已经明确可以取得的财产性收益。

第二十五条 婚姻关系存续期间，下列财产属于民法典第一千零六十二条规定的其他应当归共同所有的财产：

（一）一方以个人财产投资取得的收益；

（二）男女双方实际取得或者应当取得的住房补贴、住房公积金；

（三）男女双方实际取得或者应当取得的基本养老金、破产安置补偿费。

第二十六条 夫妻一方个人财产在婚后产生的收益，除孳息和自然增值外，应认定为夫妻共同财产。

第二十七条 由一方婚前承租、婚后用共同财产购买的房屋，登记在一方名下的，应当认定为夫妻共同财产。

第二十八条 一方未经另一方同意出售夫妻共同所有的房屋，第三人善意购买、支付合理对价并已办理不动产登记，另一方主张追回该房屋的，人民法院不予支持。

夫妻一方擅自处分共同所有的房屋造成另一方损失，离婚时另一方请求赔偿损失的，人民法院应予支持。

第二十九条 当事人结婚前，父母为双方购置房屋出资的，该出资应当认定为对自己子女个人的赠与，但父母明确表示赠与双方的除外。

当事人结婚后，父母为双方购置房屋出资的，依照约定处理；没有约定或者约定不明确的，按照民法典第一千零六十二条第一款第四项规定的原则处理。

第三十条 军人的伤亡保险金、伤残补助金、医药生活补助费属于个人财产。

第三十一条 民法典第一千零六十三条规定为夫妻一方的个人财产，不因婚姻关系的延续而转化为夫妻共同财产。但当事人另有约定的除外。

第三十二条 婚前或者婚姻关系存续期间，当事人约定将一方所有的房产赠与另一方或者共有，赠与方在赠与房产变更登记之前撤销赠与，另一方请求判令继续履行的，人民法院可以按照民法典第六百五十八条的规定处理。

第三十三条 债权人就一方婚前所负个人债务向债务人的配偶主张权利的，人民法院不予支持。但债权人能够证明所负债务用于婚后家庭共同生活的除外。

第三十四条 夫妻一方与第三人串通，虚构债务，第三人主张该债务为夫妻共同债务的，人民法院不予支持。

夫妻一方在从事赌博、吸毒等违法犯罪活动中所负债务，第三人主张该债务为夫妻共同债务的，人民法院不予支持。

第三十五条 当事人的离婚协议或者人民法院生效判决、裁定、调解书已经对夫妻财产分割问题作出处理的，债权人仍有权就夫妻共同债务向男女双方主张权利。

一方就夫妻共同债务承担清偿责任后，主张由另一方按照离婚协议或者人民法院的法律文书承担相应债务的，人民法院应予支持。

第三十六条 夫或者妻一方死亡的，生存一方应当对婚姻关系存续期间的夫妻共同债务承担清偿责任。

第三十七条 民法典第一千零六十五条第三款所称相对人知道该约定的，夫妻一方对此负有举证责任。

第三十八条 婚姻关系存续期间，除民法典第一千零六十六条规定情形以外，夫妻一方请求分割共同财产的，人民法院不予支持。

四、父母子女关系

第三十九条 父或者母向人民法院起诉请求否认亲子关系，并已提供必要证据予以证明，另一方没有相反证据又拒绝做亲子鉴定的，人民法院可以认定否认亲子关系一方的主张成立。

父或者母以及成年子女起诉请求确认亲子关系，并提供必要证据予以证明，另一方没有相反证据又拒绝做亲子鉴定的，人民法院可以认定确认亲子关系一方的主张成立。

第四十条 婚姻关系存续期间，夫妻双方一致同意进行人工授精，所生子女应视为婚生子女，父母子女间的权利义务关系适用民法典的有关规定。

第四十一条 尚在校接受高中及其以下学历教育，或者丧失、部分丧失劳动能力等非因主观原因而无法维持正常生活的成年子女，可以认定为民法典第一千零六十七条规定的不能独立生活的成年子女。

第四十二条 民法典第一千零六十七条所称抚养费，包括子女生活费、教育费、医疗费等费用。

第四十三条 婚姻关系存续期间，父母双方或者一方拒不履行抚养子女义务，未成年子女或者不能独立生活的成年子女请求支付抚养费的，人民法院应予支持。

第四十四条 离婚案件涉及未成年子女抚养的，对不满两周岁的子女，按照民法典第一千零八十四条第三款规定的原则处理。母亲有下列情形之一，父亲请求直接抚养的，人民法院应予支持：

（一）患有久治不愈的传染性疾病或者其他严重疾病，子女不宜与其共同生活；

（二）有抚养条件不尽抚养义务，而父亲要求子女随其生活；

（三）因其他原因，子女确不宜随母亲生活。

第四十五条 父母双方协议不满两周岁子女由父亲直接抚养，并对子女健康成长无不利影响的，人民法院应予支持。

第四十六条 对已满两周岁的未成年子女，父母均要求直接抚养，一方有下列情形之一的，可予优先考虑：

（一）已做绝育手术或者因其他原因丧失生育能力；

（二）子女随其生活时间较长，改变生活环境对子女健康成长明显不利；

（三）无其他子女，而另一方有其他子女；

（四）子女随其生活，对子女成长有利，而另一方患有久治不愈的传染性疾病或者其他严重疾病，或者有其他不利于子女身心健康的情形，不宜与子女共同生活。

第四十七条 父母抚养子女的条件基本相同，双方均要求直接抚养子女，但子女单独随祖父母或者外祖父母共同生活多年，且祖父母或者外祖父母要求并且有能力帮助子女照顾孙子女或者外孙子女的，可以作为父或者母直接抚养子女的优先条件予以考虑。

第四十八条 在有利于保护子女利益的前提下，父母双方协议轮流直接抚养子女的，人民法院应予支持。

第四十九条 抚养费的数额，可以根据子女的实际需要、父母双方的负担能力和当地的实际生活水平确定。

有固定收入的，抚养费一般可以按其月总收入的百分之二十至三十的比例给付。负担两个以上子女抚养费的，比例可以适当提高，但一般不得超过月总收入的百分之五十。

无固定收入的，抚养费的数额可以依据当年总收入或者同行业平均收入，参照上述比例确定。

有特殊情况的，可以适当提高或者降低上述比例。

第五十条 抚养费应当定期给付，有条件的可以一次性给付。

第五十一条 父母一方无经济收入或者下落不明的，可以用其财物折抵抚养费。

第五十二条 父母双方可以协议由一方直接抚养子女并由直接抚养方负担子女全部抚养费。但是，直接抚养方的抚养能力明显不能保障子女所需费用，影响子女健康成长的，人民法院不予支持。

第五十三条 抚养费的给付期限，一般至子女十八周岁为止。

十六周岁以上不满十八周岁，以其劳动收入为主要生活来源，并能维持当地一般生活水平的，父母可以停止给付抚养费。

第五十四条 生父与继母离婚或者生母与继父离婚时，对曾受其抚养教育的继子女，继父或者继母不同意继续抚养的，仍应由生父或者生母抚养。

第五十五条 离婚后，父母一方要求变更子女抚养关系的，或者子女要求增加抚养费的，应当另行提起诉讼。

第五十六条 具有下列情形之一，父母一方要求变更子女抚养关系的，人民法院应予支持：

（一）与子女共同生活的一方因患严重疾病或者因伤残无力继续抚养子女；

（二）与子女共同生活的一方不尽抚养义务或有虐待子女行为，或者其与子女共同生活对子女身心健康确有不利影响；

（三）已满八周岁的子女，愿随另一方生活，该方又有抚养能力；

（四）有其他正当理由需要变更。

第五十七条 父母双方协议变更子女抚养关系的，人民法院应予支持。

第五十八条 具有下列情形之一，子女要求有负担能力的父或者母增加抚养费的，人民法院应予支持：

（一）原定抚养费数额不足以维持当地实际生活水平；

（二）因子女患病、上学，实际需要已超过原定数额；

（三）有其他正当理由应当增加。

第五十九条 父母不得因子女变更姓氏而拒付子女抚养费。父或者母擅自将子女姓氏改为继母或继父姓氏而引起纠纷的，应当责令恢复原姓氏。

第六十条 在离婚诉讼期间，双方均拒绝抚养子女的，可以先行裁定暂由一方抚养。

第六十一条 对拒不履行或者妨害他人履行生效判决、裁定、调解书中有关子女抚养义务的当事人或者其他人，人民法院可依照民事诉讼法第一百一十一条的规定采取强制措施。

五、离　　婚

第六十二条 无民事行为能力人的配偶有民法典第三十六条第一款规定行为，其他有监护资格的人可以要求撤销其监护资格，并依法指定新的监护人；变更后的监护人代理无民事行为能力一方提起离婚诉讼的，人民法院应予受理。

第六十三条 人民法院审理离婚案件，符合民法典第一千零七十九条第三款规定应当准予离婚情形的，不应当因当事人有过错而判决不准离婚。

第六十四条 民法典第一千零八十一条所称的军人一方有重大过错，可以依据民法典第一千零七十九条第三款前三项规定及军人有其他重大过错导致夫妻感情破裂的情形予以判断。

第六十五条 人民法院作出的生效的离婚判决中未涉及探望权，当事人就探望权问题单独提起诉讼的，人民法院应予受理。

第六十六条 当事人在履行生效判决、裁定或者调解书的过程中，一方请求中止探望的，人民法院在征询双方当事人意见后，认为需要中止探望的，依法作出裁定；中止探望的情形消失后，人民法院应当根据当事人的请求书面通知其恢复探望。

第六十七条 未成年子女、直接抚养子女的父或者母以及其他对未成年子女负担抚养、教育、保护义务的法定监护人，有权向人民法院提出中止探望的请求。

第六十八条　对于拒不协助另一方行使探望权的有关个人或者组织，可以由人民法院依法采取拘留、罚款等强制措施，但是不能对子女的人身、探望行为进行强制执行。

第六十九条　当事人达成的以协议离婚或者到人民法院调解离婚为条件的财产以及债务处理协议，如果双方离婚未成，一方在离婚诉讼中反悔的，人民法院应当认定该财产以及债务处理协议没有生效，并根据实际情况依照民法典第一千零八十七条和第一千零八十九条的规定判决。

当事人依照民法典第一千零七十六条签订的离婚协议中关于财产以及债务处理的条款，对男女双方具有法律约束力。登记离婚后当事人因履行上述协议发生纠纷提起诉讼的，人民法院应当受理。

第七十条　夫妻双方协议离婚后就财产分割问题反悔，请求撤销财产分割协议的，人民法院应当受理。

人民法院审理后，未发现订立财产分割协议时存在欺诈、胁迫等情形的，应当依法驳回当事人的诉讼请求。

第七十一条　人民法院审理离婚案件，涉及分割发放到军人名下的复员费、自主择业费等一次性费用的，以夫妻婚姻关系存续年限乘以年平均值，所得数额为夫妻共同财产。

前款所称年平均值，是指将发放到军人名下的上述费用总额按具体年限均分得出的数额。其具体年限为人均寿命七十岁与军人入伍时实际年龄的差额。

第七十二条　夫妻双方分割共同财产中的股票、债券、投资基金份额等有价证券以及未上市股份有限公司股份时，协商不成或者按市价分配有困难的，人民法院可以根据数量按比例分配。

第七十三条　人民法院审理离婚案件，涉及分割夫妻共同财产中以一方名义在有限责任公司的出资额，另一方不是该公司股东的，按以下情形分别处理：

（一）夫妻双方协商一致将出资额部分或者全部转让给该股东的配偶，其他股东过半数同意，并且其他股东均明确表示放弃优先购买权的，该股东的配偶可以成为该公司股东；

（二）夫妻双方就出资额转让份额和转让价格等事项协商一致后，其他股东半数以上不同意转让，但愿意以同等条件购买该出资额的，人民法院可以对转让出资所得财产进行分割。其他股东半数以上不同意转让，也不愿意以同等条件购买该出资额的，视为其同意转让，该股东的配偶可以成为该公司股东。

用于证明前款规定的股东同意的证据，可以是股东会议材料，也可以是当事人通过其他合法途径取得的股东的书面声明材料。

第七十四条 人民法院审理离婚案件，涉及分割夫妻共同财产中以一方名义在合伙企业中的出资，另一方不是该企业合伙人的，当夫妻双方协商一致，将其合伙企业中的财产份额全部或者部分转让给对方时，按以下情形分别处理：

（一）其他合伙人一致同意的，该配偶依法取得合伙人地位；

（二）其他合伙人不同意转让，在同等条件下行使优先购买权的，可以对转让所得的财产进行分割；

（三）其他合伙人不同意转让，也不行使优先购买权，但同意该合伙人退伙或者削减部分财产份额的，可以对结算后的财产进行分割；

（四）其他合伙人既不同意转让，也不行使优先购买权，又不同意该合伙人退伙或者削减部分财产份额的，视为全体合伙人同意转让，该配偶依法取得合伙人地位。

第七十五条 夫妻以一方名义投资设立个人独资企业的，人民法院分割夫妻在该个人独资企业中的共同财产时，应当按照以下情形分别处理：

（一）一方主张经营该企业的，对企业资产进行评估后，由取得企业资产所有权一方给予另一方相应的补偿；

（二）双方均主张经营该企业的，在双方竞价基础上，由取得企业资产所有权的一方给予另一方相应的补偿；

（三）双方均不愿意经营该企业的，按照《中华人民共和国个人独资企业法》等有关规定办理。

第七十六条 双方对夫妻共同财产中的房屋价值及归属无法达成协议时，人民法院按以下情形分别处理：

（一）双方均主张房屋所有权并且同意竞价取得的，应当准许；

（二）一方主张房屋所有权的，由评估机构按市场价格对房屋作出评估，取得房屋所有权的一方应当给予另一方相应的补偿；

（三）双方均不主张房屋所有权的，根据当事人的申请拍卖、变卖房屋，就所得价款进行分割。

第七十七条　离婚时双方对尚未取得所有权或者尚未取得完全所有权的房屋有争议且协商不成的，人民法院不宜判决房屋所有权的归属，应当根据实际情况判决由当事人使用。

当事人就前款规定的房屋取得完全所有权后，有争议的，可以另行向人民法院提起诉讼。

第七十八条　夫妻一方婚前签订不动产买卖合同，以个人财产支付首付款并在银行贷款，婚后用夫妻共同财产还贷，不动产登记于首付款支付方名下的，离婚时该不动产由双方协议处理。

依前款规定不能达成协议的，人民法院可以判决该不动产归登记一方，尚未归还的贷款为不动产登记一方的个人债务。双方婚后共同还贷支付的款项及其相对应财产增值部分，离婚时应根据民法典第一千零八十七条第一款规定的原则，由不动产登记一方对另一方进行补偿。

第七十九条　婚姻关系存续期间，双方用夫妻共同财产出资购买以一方父母名义参加房改的房屋，登记在一方父母名下，离婚时另一方主张按照夫妻共同财产对该房屋进行分割的，人民法院不予支持。购买该房屋时的出资，可以作为债权处理。

第八十条　离婚时夫妻一方尚未退休、不符合领取基本养老金条件，另一方请求按照夫妻共同财产分割基本养老金的，人民法院不予支持；婚后以夫妻共同财产缴纳基本养老保险费，离婚时一方主张将养老金账户中婚姻关系存续期间个人实际缴纳部分及利息作为夫妻共同财产分割的，人民法院应予支持。

第八十一条　婚姻关系存续期间，夫妻一方作为继承人依法可以继承的遗产，在继承人之间尚未实际分割，起诉离婚时另一方请求分割的，人民法院应当告知当事人在继承人之间实际分割遗产后另行起诉。

第八十二条　夫妻之间订立借款协议，以夫妻共同财产出借给一方从事个人经营活动或者用于其他个人事务的，应视为双方约定处分夫妻共同财产的行为，离婚时可以按照借款协议的约定处理。

第八十三条　离婚后，一方以尚有夫妻共同财产未处理为由向人民法院起诉请求分割的，经审查该财产确属离婚时未涉及的夫妻共同财产，人民法院应当依法予以分割。

第八十四条 当事人依据民法典第一千零九十二条的规定向人民法院提起诉讼，请求再次分割夫妻共同财产的诉讼时效期间为三年，从当事人发现之日起计算。

第八十五条 夫妻一方申请对配偶的个人财产或者夫妻共同财产采取保全措施的，人民法院可以在采取保全措施可能造成损失的范围内，根据实际情况，确定合理的财产担保数额。

第八十六条 民法典第一千零九十一条规定的损害赔偿，包括物质损害赔偿和精神损害赔偿。涉及精神损害赔偿的，适用《最高人民法院关于确定民事侵权精神损害赔偿责任若干问题的解释》的有关规定。

第八十七条 承担民法典第一千零九十一条规定的损害赔偿责任的主体，为离婚诉讼当事人中无过错方的配偶。

人民法院判决不准离婚的案件，对于当事人基于民法典第一千零九十一条提出的损害赔偿请求，不予支持。

在婚姻关系存续期间，当事人不起诉离婚而单独依据民法典第一千零九十一条提起损害赔偿请求的，人民法院不予受理。

第八十八条 人民法院受理离婚案件时，应当将民法典第一千零九十一条等规定中当事人的有关权利义务，书面告知当事人。在适用民法典第一千零九十一条时，应当区分以下不同情况：

（一）符合民法典第一千零九十一条规定的无过错方作为原告基于该条规定向人民法院提起损害赔偿请求的，必须在离婚诉讼的同时提出。

（二）符合民法典第一千零九十一条规定的无过错方作为被告的离婚诉讼案件，如果被告不同意离婚也不基于该条规定提起损害赔偿请求的，可以就此单独提起诉讼。

（三）无过错方作为被告的离婚诉讼案件，一审时被告未基于民法典第一千零九十一条规定提出损害赔偿请求，二审期间提出的，人民法院应当进行调解；调解不成的，告知当事人另行起诉。双方当事人同意由第二审人民法院一并审理的，第二审人民法院可以一并裁判。

第八十九条 当事人在婚姻登记机关办理离婚登记手续后，以民法典第一千零九十一条规定为由向人民法院提出损害赔偿请求的，人民法院应当受理。但当事人在协议离婚时已经明确表示放弃该项请求的，人民法院不予支持。

第九十条　夫妻双方均有民法典第一千零九十一条规定的过错情形，一方或者双方向对方提出离婚损害赔偿请求的，人民法院不予支持。

六、附　　则

第九十一条　本解释自2021年1月1日起施行。

最高人民法院关于适用《中华人民共和国民法典》继承编的解释（一）

（2020年12月25日由最高人民法院审判委员会第1825次会议通过　法释〔2020〕23号）

为正确审理继承纠纷案件，根据《中华人民共和国民法典》等相关法律规定，结合审判实践，制定本解释。

一、一般规定

第一条　继承从被继承人生理死亡或者被宣告死亡时开始。

宣告死亡的，根据民法典第四十八条规定确定的死亡日期，为继承开始的时间。

第二条　承包人死亡时尚未取得承包收益的，可以将死者生前对承包所投入的资金和所付出的劳动及其增值和孳息，由发包单位或者接续承包合同的人合理折价、补偿。其价额作为遗产。

第三条　被继承人生前与他人订有遗赠扶养协议，同时又立有遗嘱的，继承开始后，如果遗赠扶养协议与遗嘱没有抵触，遗产分别按协议和遗嘱处理；如果有抵触，按协议处理，与协议抵触的遗嘱全部或者部分无效。

第四条　遗嘱继承人依遗嘱取得遗产后，仍有权依照民法典第一千一百三十条的规定取得遗嘱未处分的遗产。

第五条　在遗产继承中，继承人之间因是否丧失继承权发生纠纷，向人民法院提起诉讼的，由人民法院依据民法典第一千一百二十五条的规定，判决确认其是否丧失继承权。

第六条　继承人是否符合民法典第一千一百二十五条第一款第三项规定的“虐待被继承人情节严重”，可以从实施虐待行为的时间、手段、后果和社会影响等方面认定。

虐待被继承人情节严重的，不论是否追究刑事责任，均可确认其丧失继承权。

第七条 继承人故意杀害被继承人的，不论是既遂还是未遂，均应当确认其丧失继承权。

第八条 继承人有民法典第一千一百二十五条第一款第一项或者第二项所列之行为，而被继承人以遗嘱将遗产指定由该继承人继承的，可以确认遗嘱无效，并确认该继承人丧失继承权。

第九条 继承人伪造、篡改、隐匿或者销毁遗嘱，侵害了缺乏劳动能力又无生活来源的继承人的利益，并造成其生活困难的，应当认定为民法典第一千一百二十五条第一款第四项规定的“情节严重”。

二、法定继承

第十条 被收养人对养父母尽了赡养义务，同时又对生父母扶养较多的，除可以依照民法典第一千一百二十七条的规定继承养父母的遗产外，还可以依照民法典第一千一百三十一条的规定分得生父母适当的遗产。

第十一条 继子女继承了继父母遗产的，不影响其继承生父母的遗产。

继父母继承了继子女遗产的，不影响其继承生子女的遗产。

第十二条 养子女与生子女之间、养子女与养子女之间，系养兄弟姐妹，可以互为第二顺序继承人。

被收养人与其亲兄弟姐妹之间的权利义务关系，因收养关系的成立而消除，不能互为第二顺序继承人。

第十三条 继兄弟姐妹之间的继承权，因继兄弟姐妹之间的扶养关系而发生。没有扶养关系的，不能互为第二顺序继承人。

继兄弟姐妹之间相互继承了遗产的，不影响其继承亲兄弟姐妹的遗产。

第十四条 被继承人的孙子女、外孙子女、曾孙子女、外曾孙子女都可以代位继承，代位继承人不受辈数的限制。

第十五条 被继承人的养子女、已形成扶养关系的继子女的生子女可以代位继承；被继承人亲生子女的养子女可以代位继承；被继承人养子女的养子女可以代位继承；与被继承人已形成扶养关系的继子女的养子女也可以代位继承。

第十六条 代位继承人缺乏劳动能力又没有生活来源，或者对被继承人尽过主要赡养义务的，分配遗产时，可以多分。

第十七条 继承人丧失继承权的，其晚辈直系血亲不得代位继承。如该代位继承人缺乏劳动能力又没有生活来源，或者对被继承人尽赡养义务较多的，可以适当分给遗产。

第十八条 丧偶儿媳对公婆、丧偶女婿对岳父母，无论其是否再婚，依照民法典第一千一百二十九条规定作为第一顺序继承人时，不影响其子女代位继承。

第十九条 对被继承人生活提供了主要经济来源，或者在劳务等方面给予了主要扶助的，应当认定其尽了主要赡养义务或主要扶养义务。

第二十条 依照民法典第一千一百三十一条规定可以分给适当遗产的人，分给他们遗产时，按具体情况可以多于或者少于继承人。

第二十一条 依照民法典第一千一百三十一条规定可以分给适当遗产的人，在其依法取得被继承人遗产的权利受到侵犯时，本人有权以独立的诉讼主体资格向人民法院提起诉讼。

第二十二条 继承人有扶养能力和扶养条件，愿意尽扶养义务，但被继承人因有固定收入和劳动能力，明确表示不要求其扶养的，分配遗产时，一般不应因此而影响其继承份额。

第二十三条 有扶养能力和扶养条件的继承人虽然与被继承人共同生活，但对需要扶养的被继承人不尽扶养义务，分配遗产时，可以少分或者不分。

三、遗嘱继承和遗赠

第二十四条 继承人、受遗赠人的债权人、债务人，共同经营的合伙人，也应当视为与继承人、受遗赠人有利害关系，不能作为遗嘱的见证人。

第二十五条 遗嘱人未保留缺乏劳动能力又没有生活来源的继承人的遗产份额，遗产处理时，应当为该继承人留下必要的遗产，所剩余的部分，才可参照遗嘱确定的分配原则处理。

继承人是否缺乏劳动能力又没有生活来源，应当按遗嘱生效时该继承人的具体情况确定。

第二十六条 遗嘱人以遗嘱处分了国家、集体或者他人财产的，应当认定该部分遗嘱无效。

第二十七条 自然人在遗书中涉及死后个人财产处分的内容，确为死者的真实意思表示，有本人签名并注明了年、月、日，又无相反证据的，可以按自书遗嘱对待。

第二十八条 遗嘱人立遗嘱时必须具有完全民事行为能力。无民事行为能力人或者限制民事行为能力人所立的遗嘱，即使其本人后来具有完全民事行为能力，仍属无效遗嘱。遗嘱人立遗嘱时具有完全民事行为能力，后来成为无民事行为能力人或者限制民事行为能力人的，不影响遗嘱的效力。

第二十九条 附义务的遗嘱继承或者遗赠，如义务能够履行，而继承人、受遗赠人无正当理由不履行，经受益人或者其他继承人请求，人民法院可以取消其接受附义务部分遗产的权利，由提出请求的继承人或者受益人负责按遗嘱人的意愿履行义务，接受遗产。

四、遗产的处理

第三十条 人民法院在审理继承案件时，如果知道有继承人而无法通知的，分割遗产时，要保留其应继承的遗产，并确定该遗产的保管人或者保管单位。

第三十一条 应当为胎儿保留的遗产份额没有保留的，应从继承人所继承的遗产中扣回。

为胎儿保留的遗产份额，如胎儿出生后死亡的，由其继承人继承；如胎儿娩出时是死体的，由被继承人的继承人继承。

第三十二条 继承人因放弃继承权，致其不能履行法定义务的，放弃继承权的行为无效。

第三十三条 继承人放弃继承应当以书面形式向遗产管理人或者其他继承人表示。

第三十四条 在诉讼中，继承人向人民法院以口头方式表示放弃继承的，要制作笔录，由放弃继承的人签名。

第三十五条 继承人放弃继承的意思表示，应当在继承开始后、遗产分割前作出。遗产分割后表示放弃的不再是继承权，而是所有权。

第三十六条 遗产处理前或者在诉讼进行中，继承人对放弃继承反悔的，由人民法院根据其提出的具体理由，决定是否承认。遗产处理后，继承人对放弃继承反悔的，不予承认。

第三十七条 放弃继承的效力，追溯到继承开始的时间。

第三十八条 继承开始后，受遗赠人表示接受遗赠，并于遗产分割前死亡的，其接受遗赠的权利转移给他的继承人。

第三十九条 由国家或者集体组织供给生活费用的烈属和享受社会救济的自然人，其遗产仍应准许合法继承人继承。

第四十条 继承人以外的组织或者个人与自然人签订遗赠扶养协议后，无正当理由不履行，导致协议解除的，不能享有受遗赠的权利，其支付的供养费用一般不予补偿；遗赠人无正当理由不履行，导致协议解除的，则应当偿还继承人以外的组织或者个人已支付的供养费用。

第四十一条 遗产因无人继承又无人受遗赠归国家或者集体所有制组织所有时，按照民法典第一千一百三十一条规定可以分给适当遗产的人提出取得遗产的诉讼请求，人民法院应当视情况适当分给遗产。

第四十二条 人民法院在分割遗产中的房屋、生产资料和特定职业所需要的财产时，应当依据有利于发挥其使用效益和继承人的实际需要，兼顾各继承人的利益进行处理。

第四十三条 人民法院对故意隐匿、侵吞或者争抢遗产的继承人，可以酌情减少其应继承的遗产。

第四十四条 继承诉讼开始后，如继承人、受遗赠人中有既不愿参加诉讼，又不表示放弃实体权利的，应当追加为共同原告；继承人已书面表示放弃继承、受遗赠人在知道受遗赠后六十日内表示放弃受遗赠或者到期没有表示的，不再列为当事人。

五、附　　则

第四十五条 本解释自 2021 年 1 月 1 日起施行。

民事案件案由规定（节录）

（2007 年 10 月 29 日最高人民法院审判委员会第 1438 次会议通过　根据 2011 年 2 月 18 日最高人民法院《关于修改〈民事案件案由规定〉的决定》（法〔2011〕41 号）第一次修正　根据 2020 年 12 月 14 日最高人民法院审判委员会第 1821 次会议通过的《最高人民法院关于修改〈民事案件案由规定〉的决定》（法〔2020〕346 号）第二次修正）

为了正确适用法律，统一确定案由，根据《中华人民共和国民法典》《中华人民共和国民事诉讼法》等法律规定，结合人民法院民事审判工作实际情况，对民事案件案由规定如下：

第二部分　婚姻家庭、继承纠纷

二、婚姻家庭纠纷

12. 婚约财产纠纷
13. 婚内夫妻财产分割纠纷
14. 离婚纠纷
15. 离婚后财产纠纷
16. 离婚后损害责任纠纷
17. 婚姻无效纠纷
18. 撤销婚姻纠纷
19. 夫妻财产约定纠纷
20. 同居关系纠纷

（1）同居关系析产纠纷

（2）同居关系子女抚养纠纷

21. 亲子关系纠纷

（1）确认亲子关系纠纷

（2）否认亲子关系纠纷

22. 抚养纠纷
（1）抚养费纠纷
（2）变更抚养关系纠纷
23. 扶养纠纷
（1）扶养费纠纷
（2）变更扶养关系纠纷
24. 赡养纠纷
（1）赡养费纠纷
（2）变更赡养关系纠纷
25. 收养关系纠纷
（1）确认收养关系纠纷
（2）解除收养关系纠纷
26. 监护权纠纷
27. 探望权纠纷
28. 分家析产纠纷

三、继承纠纷

29. 法定继承纠纷
（1）转继承纠纷
（2）代位继承纠纷
30. 遗嘱继承纠纷
31. 被继承人债务清偿纠纷
32. 遗赠纠纷
33. 遗赠扶养协议纠纷
34. 遗产管理纠纷